W0195553

Norderney

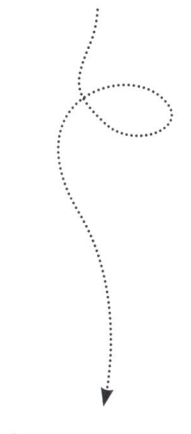

Claudia Banck

Inhalt

Das Beste zu Beginn

Historische Schaufenster
Läden, Cafés, ein öffentlicher Ausrufer – in der Innenstadt von Norderney fehlt es nicht an Eindrücken. Eine interessante Perspektive bieten die insgesamt 22 Schautafeln, die zeigen, wie es hier im 19. Jh. aussah. Zum Innehalten, Betrachten und auch Staunen – so war es damals, so ist es heute.

Holzbuhnen
Am Strandabschnitt ›Detmold‹, im Norden des Nordstrands (🗺 Karte 2, B 1), ist weniger los. Hier entdeckt man auch noch zwei alte Holzbuhnen, die die Kraft der Wellen bremsen soll(t)en, ein schönes Fotomotiv. An anderen Stellen sind die hölzernen Pfähle durch Dämme aus Stahl und Beton ersetzt.

Wind, Wellen, Weitblick
Inmitten der Dünen liegen die Thalasso-Plattformen. Am Nordstrand (🗺 Karte 2, B 2, Dünenübergang am Waldweg), die schönsten am Zuckerpad (🗺 Karte 2, C 1) und am Dünensender (🗺 Karte 2, C 2). DIe bislang jüngste, 2022 eröffnete Thalasso-Plattform liegt am alten Postweg. Auf Holzplanken geht es barrierefrei hoch hinaus.

Sonnenuntergang am Weststrand
Sie mögen keinen Trubel und Menschenansammlungen? Gehen Sie trotzdem hin – zu den traumhaften Sonnenuntergängen am Weststrand (🗺 A/B 5/6). Egal ob hoch oben auf der Marienhöhe, lässig in der Weststrandbar, zu chilliger Musik in der Milchbar: Stille Genießer setzen sich mit einem Glas Wein an den Strand oder auf die Deichwiese.

Für täglich
Wenn es (zu) heiß ist, wenn es stürmt, regnet oder schneit – ein Rückzugsort zu jeder Jahreszeit ist der Lesesaal im Conversationshaus (🗺 C 5). An der Tür das Schild: »Bitte leise die Tür schließen«. Hier kann man im gemütlichen Ledersessel versinken und gratis im Internet surfen.

Weisse Düne

Zu Fuß vom Ort am Strand entlang oder auf dem Zuckerpad durch die Dünen – egal, zu welcher Uhrzeit: Die Weisse Düne (▸ S. 98) ist zu Recht das beliebteste Ausflugslokal. Im Sommer sitzt man draußen auf der Terrasse im Strandkorb, wenn's ungemütlich ist, gerne drinnen am Kamin.

Is Teetied!

Erst kommt der Kluntjes (Kandiszucker) in die Tasse, dann der heiße Tee (es knackt!) und schließlich wird am Tassenrand entlang noch etwas Sahne aufgelegt – gerne gegen den Uhrzeigersinn, um während des Teetrinkens symbolisch die Zeit anzuhalten. Ein Teeseminar ist großartig, ob im Fischerhaus-Museum (▸ S. 33) auf Norderney oder im Ostfriesischen Teemuseum in Norden (▸ S. 78).

Watt Welten

Den Kopf anstrengen im Urlaub, geht gar nicht? Meinen Sie vielleicht, aber es macht Spaß, sich im Nationalpark-Haus am Hafen den Spielstein umzuhängen, ihn an den interaktiven Stationen auf das Feld zu legen und in das Naturwunder Wattenmeer einzutauchen (▸ S. 33).

Tanz der Stare

Haben Sie mal einen Schwarm von 120 000 oder mehr Staren tanzen sehen? Im Frühling und Frühherbst fliegen sie in kühnen Formationen dicht überm Wasser oder hoch in der Luft. Ein spektakuläres Schauspiel, toll zu beobachten vom Deich am Südstrandpolder (▢ Karte 2, B/C 2/3).

Meine Lieblingswanderung? Eindeutig: vom Ostheller zum Wrack an der Rattendüne am Inselende. Mindestens vier Stunden ist man unterwegs, eine Strecke führt durch die Dünen, einen Weg geht es am Strand entlang. Endlose Weite, Kaninchen, Vögel, wer mag, könnte abkürzen, aber dafür ist es einfach zu schön.

Fragen? Erfahrungen? Ideen?

Ich freue mich auf Post.

Mein Postfach bei DuMont:
cbanck@dumontreise.de

Das ist Norderney

Wenn das Schiff in Norddeich-Mole ablegt, beginnt der Inselurlaub. Für viele, nicht für alle. Frühmorgens, auf dem ersten Schiff reisen auch die Handwerker und Pendler nach Norderney – Abfahrt 6.15 Uhr. Oben an Deck die Autos der Malermeister, Elektroinstallateure und Dachdecker, im Salon unter Deck legen die Jungen den Kopf auf den Tisch und machen noch ein kleines Schläfchen. Wenn das Schiff in Norderney anlegt, beginnt für sie der Arbeitstag. Die wenigen Feriengäste an Bord der frühen Fähre hieven ihren Rollkoffer oder Rucksack aus dem Gepäckregal – schöne Tage am Meer liegen vor ihnen. Das ist Norderney heute – eine tideunabhängige Fährverbindung, in der Saison bis zu 15 x täglich, 6000 Einwohner mit erstem Wohnsitz, 6000 Saisonkräfte und 1000 Pendler. Haupterwerbszweig ist der Tourismus.

Nordens neue Insel

1398 wurden die Ostfriesischen Inseln in einer fürstlichen Lehensübertragung erstmals erwähnt: »…Borkyn, Juist, Burse, Oesterende, Balteringe, Langeoch, Spikeroch ende Wangeroch …«. Norderney fehlt in der Auflistung und ist doch dabei, denn während die Insel Burse im Verlauf der Jahrzehnte ständig kleiner wurde und schließlich von der Landkarte verschwand, gewann Oesterende durch günstige Sandablagerungen an Substanz. Um 1550 erschien die neue Insel in einer Urkunde unter dem Namen »norder neye oog« (›Nordens neue Insel‹), woraus sich dann Norderney bildete. In Bewegung sind die Ostfriesischen Inseln noch heute. »Beständig ist allein der Wandel!« heißt es auf einer Informationstafel des Nationalparks Wattenmeer, der 85 (!) % der Inselfläche einnimmt. Eine grandiose Natur: Sandstrände bis zum Horizont, ein Meer, das im Wechsel von Ebbe und Flut kommt und geht, weite Dünentäler, blühende Salzwiesen, Vogelschwärme am hohen Himmel und im Watt. 2009 wurde der Nationalpark Wattenmeer von der Unesco als Weltnaturerbe ausgezeichnet.

Vom Fischerdorf zum Staatsbad

Im Westen der Insel bietet die Stadt Norderney das Kontrastprogramm. Ein Thalasso-Tempel der Superlative, Shopping in über 200 Boutiquen und individuellen Läden, lässige Bars und coole Strandcafés, ein hochkarätiges Kulturangebot und quirliges Nachtleben. Bereits Ende des 18. Jh. vollzog Norderney den Schritt vom ärmlichen Fischer- und Seemannsdorf zum Nordseeheilbad und stieg im 19. Jh. als Sommerresidenz des Königs von Hannover zum international bekannten Kurort auf. Wirtschaftskrisen und Kriege warfen die zunehmend vom Tourismus abhängige Insel mehrmals in ihrer Entwicklung zurück. Sichtbare Spuren hinterließ der Bauboom (vielfach inselfremder Investoren) in den 1960er- und 1970er-Jahren. Die Zahl der Gäste wuchs. Das Seebad war beliebt – bei Familien und bei Rentnern, und nicht zu vergessen: den Clubs. Im Frühjahr und Herbst ist die Insel Ausflugsziel trinkfreudiger Kegel- und auch Fußballvereine, was ihr den wenig schmeichelhaften Titel ›Ballermann des Nordens‹ eingebracht

Durchatmen – einer von mindestens tausend guten Gründen für einen Urlaub an der Nordsee

hat. Trupps, die grölend durch die Straßen ziehen, sind keine Seltenheit. Eine echte Plage, finden viele. Andererseits tragen die Cluburlauber zur Saisonverlängerung bei, für viele Insulaner ein wichtiger Wirtschaftsaspekt. Die Konkurrenz der (neu eröffneten) Ostseebäder und auch die Folgen der Gesundheitsreform machten Norderney zu schaffen. 2003 stieß das Land Niedersachsen das defizitäre Staatsbad ab und überließ der Stadt Norderney alle Liegenschaften. Fördergelder erleichterten den Insulanern den Weg in die Eigenständigkeit. Und Norderney startete durch mit einer gigantischen Qualitätsoffensive und riesigen Investitionen.

Das neue Sylt? Nö. Norderney!

Den Anfang öffentlicher Bauvorhaben machte das europaweit einzigartige bade:haus. Es folgte die Sanierung und Umgestaltung des historischen Kurensembles – mit Conversationshaus und dem Bazargebäude. Auf dem Gelände des ehemaligen Kurmittelhauses entsteht ein Fünf-Sterne-Hotel mit ›Skybar‹. Federführend in allen Projekten und nahezu omnipräsent: die Norderneyer Familie Brune, genauer gesagt die Brüder Marc und Jens. Der eine Architekt und Bäderspezialist, der andere Gastronom, geniale Projektentwickler beide. Der ›neue Stil der Insel‹ – viele Naturmaterialien, dezente Farbgebung, kein Schnickschnack – hat Anklang gefunden. Hotels und Gastronomiebetriebe zogen nach, mit jedem Bauvorhaben ist Norderney schicker geworden. Das Wort Syltifizierung ist in aller Munde. In der Tat sind die Immobilienpreise enorm gestiegen, mit problematischen Folgen für die Sozialstruktur der Insel. Viele Norderneyer können es sich nicht mehr leisten, auf der Insel zu wohnen. Die Zahl der Pendler steigt, ebenso wie die der Urlauber – junge Familien mit Kindern, Rentner, Hipster aus der Großstadt, lässige Surfer, Ökos … Das Besondere an Norderney ist, dass sich hier alle wohlfühlen. Im Sommer wie im Winter. Es ist quasi immer Saison.

Norderney in Zahlen

1

Laut GEO-Instagram-Ranking belegt Norderney den ersten Platz unter den zehn beliebtesten Kleinstädten Deutschlands (2017). Nachbarinsel Borkum kommt auf Platz 4.

1

Windmühle gibt es auf den Ostfriesischen Inseln, und die steht auf Norderney.

3

km beträgt die kürzeste Entfernung zum Festland.

3,5

t Müll werden von Juni bis Oktober in den Strandmüllcontainern im Inselosten gesammelt.

10,9

Grad ist die durchschnittliche Jahrestemperatur auf der Insel. Der wärmste Monat ist der August mit durchschnittlich 22,8 Grad und 19 Grad Wassertemperatur. Der Hitzerekord liegt bei 34,1 Grad.

6

Standesbeamte hat Norderney, pro Jahr werden auf der Insel ungefähr 400 Paare getraut. 95 % aller Brautpaare stammen vom Festland.

12

€ kostet ein abschließbarer Liegekorb pro Tag.

300

l Tee trinkt jeder Ostfriese pro Jahr, der Durchschnittsdeutsche nur 28 l.

14

km erstreckt sich die Insel in Ost-West-Richtung, maximal 2,5 km beträgt die Nord-Süd-Ausdehnung zwischen offener See und Wattenmeer.

32,5

km nördlich von Norderney liegen die Offshore-Windparks Gode Wind I+II (in Betrieb seit 2017).

85

% der Inselfläche gehören zum Nationalpark Niedersächsisches Wattenmeer.

24,4

m hoch ist die nach einem aus Norden stammenden Geodäten benannte Walter-Großmann-Düne. Sie ist der höchste natürliche Punkt auf Norderney und den Ostfriesischen Inseln.

365

Tage im Jahr sind die Seenotretter 24 Stunden pro Tag einsatzbereit.

1500

Passagiere und 60 Fahrzeuge kann die »Frisia III« befördern (das größte Schiff der Frisia-Flotte, im Juli 2015 in Dienst gestellt).

40 800

Seehunde leben in der Nordsee. Gezählt und geschätzt wird jedes Jahr in den Monaten Juni–August. Der Seehundbestand im dänisch-deutsch-niederländischen Wattenmeer hat sich seit Beginn der Zählungen in den 1950er-Jahren verfünffacht.

Was ist wo?

Norderney ist die meistbesuchte der Ostfriesischen Inseln, der Hauptort der größte, der urbanste und eleganteste. Die einstige Sommerresidenz des hannoverschen Königshauses gilt zu Recht als Grande Dame der Nordsee. Sie liegt im äußersten Westen der Insel. Die restliche Fläche der Insel ist grandiose Natur – kaum bewohnt und bebaut.

Der Ortskern

Während nüchterne Neubauten aus den 1960er- und 1970er-Jahren nicht gerade zur Verschönerung des Stadtbildes und der Promenade beitrugen, hat das Zentrum mit dem eleganten **Conversationshaus** (🏛 C 5) von 1840, dem spätklassizistischen **Kurtheater** (🏛 C 5), dem gepflegten **Kurpark** (🏛 C–E 4/5) und den belebten Cafés bis heute seinen mondänen Charme bewahrt. Auch am **Weststrand** (🏛 A/B 5/6), am **Damenpfad** (🏛 A/B 4/5) und an strandferneren Seitenstraßen findet man noch bemerkenswert viele historische Baudenkmäler aus lang vergangenen Zeiten.

Wer vom **Kurplatz** (🏛 C 5) kommend am (ehemaligen) Haus Schiffahrt (heute HS2-Passage) in die **Marienstraße** (🏛 C–E 5) einbiegt, wundert sich über die vielen prunkvollen Villen mit ihren großartigen Veranden und Loggien – der Blick schweift über die ausgedehnten Parkplätze, keine so tolle Lage. Im 19. Jh. sah es hier noch anders aus: Das Land, auf dem heute die Autos parken, existierte in der Frühzeit des Seebads noch nicht – es wurde erst in der zweiten Hälfte des 19. Jh. durch Verlandungsmaßnahmen dazugewonnen. Von der Marienstraße bot sich ein unverbauter Blick auf die Reede, auf die einlaufenden Schiffe inklusive Ausbooten der Gäste.

Gleiches gilt übrigens für das **Große Logierhaus** (später Kurhotel, 🏛 C 5), das 1837 zur Unterbringung der königlichen Familie errichtet wurde – damals noch in erster Reihe – mit Panoramablick auf die Reede und ankommenden Schiffe.

Fischerhafen und Nordhelm

Der sich im Süden anschließende Ortsteil **Fischerhafen** (🏛 E–G 6–8) bietet mit Hafen und Gewerbegebiet keine historische Bebauung, wohl aber moderne, architektonisch interessante Akzente wie das Ende 2017 eröffnete **Hafenterminal** und die 2015 eingeweihten **Watt Welten** (Unesco Weltnaturerbe Wattenmeer-Besucherzentrum).

Der Ortsteil **Nordhelm** (🏛 F/G 2/3) ist eine vergleichsweise unspektakuläre, ruhige Wohngegend hinter der ersten Randdünenkette nordöstlich des Ortskerns. Die Siedlung entstand ab 1936, um das Personal der Seefestung Norderney und die auf der Insel eingesetzten Angehörigen der Seeflugstaffel unterzubringen. Die ersten, Anfang 1938 fertiggestellten Siedlungshäuser – eingeschossige Backsteinbauten mit Satteldach – sind teilweise noch im ursprünglichen Zustand erhalten. Im Zuge des zunehmenden Tourismus ist die Siedlung gewachsen – in die Breite, hier und dort auch in die Höhe. Der beschauliche Charakter, als vorrangiges Wohngebiet für die Norderneyer, blieb dennoch erhalten. Trubel herrscht hier allenfalls in **Meine Meierei** (🏛 H 2), einem traditionsreichen Ausflugslokal am östlichen Stadtrand.

Die Inselmitte

Einer Ausbreitung der Stadt nach Osten sind gesetzliche Grenzen gesetzt: Östlich der Meierei darf nicht mehr gebaut werden. Von der Stadtgrenze bis etwa zur Inselmitte erstreckt sich die **Zwischenzone des Nationalparks** (🏛 Karte 2, B–D

1/2), in der eine Jugendherberge, einige Campingplätze auf ehemaligen Höfen, ein in die Dünen gebetteter Golfplatz, ein Hotel, der Flughafen und der Leuchtturm zu finden sind. Zu erreichen sind sie über die einzige Autostraße, die von der Stadt gen Osten führt. Ein breiter **Dünengürtel** (🛏 Karte 2, C–H 1) prägt die dem Meer zugewandte Nordseite der Insel. Schmale, befestigte Rad- und Wanderwege verlaufen mitten durch die urwüchsige Landschaft. Von mehreren **Aussichtsdünen** und **Thalasso-Plattformen** (🛏 Karte 2, B 2; Karte 2, C 1; Karte 2, C 2) und dem **Leuchtturm** (🛏 Karte 2, D 2) bietet sich ein atemberaubender Blick gen Norden zur offenen Nordsee und gen Süden über das Wattenmeer zum Festland. Ausflugslokale an den Strandübergängen wie die Weisse Düne am gleichnamigen Strand und der Strandpieper an der Oase sind das ganze Jahr über geöffnet.

Die dem Wattenmeer und Festland zugekehrte **Südseite der Insel** (🛏 D–H 2) ist eine völlig andere Welt. Ein hoher Deich schützt sie vor Überflutungen, auf saftigen Weiden grasen Galloways, blütenreiche Salzwiesen gehen in silbriges Watt über, Vogelparadiese sind **Südstrandpolder** (🛏 Karte 2, B/C 2/3) und **Grohdepolder** (🛏 Karte 2, C–E 2), die man auf dem Deich umfahren kann.

Der Osten

Am **Parkplatz Ostheller** (🛏 Karte 2, E 2) enden die Radwege und die Autostraße, hier beginnt die **Ruhezone des Nationalparks,** die beinahe die Hälfte der Insel einnimmt. Der Ostteil Norderneys mit seinen natürlichen Dünen-, Strand- und Salzwiesenlandschaften ist nur zu Fuß zu erkunden. In den Dünen brüten neben verschiedenen Möwenarten auch die Brandgans und der Große Brachvogel. Das schmale, aber strömungsstarke Seegatt der **Wichter Ee** trennt Norderney von der östlichen Nachbarinsel Baltrum. Ein massives Deckwerk schützt den kleinen Hauptort Baltrums vor den von Westen heranrollenden Wellen. Vom sandigen Inselende Norderneys erscheint er zum Greifen nah.

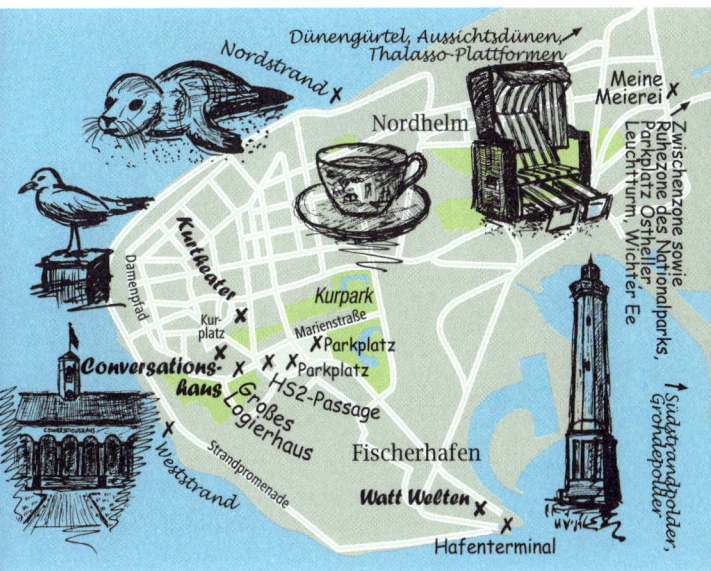

Augenblicke

Auf zum Schiffswrack

Der Wanderweg beginnt am Parkplatz Ostheller. Wobei Wanderweg fast schon ein wenig übertrieben ist. Es sind Holzpfähle in den Salzwiesen, in der Dünenlandschaft, die die Richtung weisen – mal mehr, mal weniger frisch gestrichen. Schmale Wasserläufe und Überflutungen erzwingen Umwege und kühne Sprünge. Wer seine Schuhe nicht ausziehen mag, dem bleibt an wasserreichen, stürmischen Tagen nichts anderes übrig, als wieder umzukehren. Wie schade. Dieser Himmel. Diese Weite. Nicht nur im Winter, wenn der Frost die Dünen verzuckert, kann es vorkommen, dass man während der gesamten Wanderung keine Menschenseele trifft.

Wenn die Sonne scheint …

ist man in der Bibliothek im Conversationshaus nahezu allein. Im Sommer stehen manchmal die Fenster offen, man kann den Klängen des Kurkonzerts lauschen. Bis hoch zur Decke reichen die Bücherwände, die wahre Schätze, Tausende Gedanken und Träume bergen. Ein üppiger Blumenstrauß auf dem Flügel, funkelnde Kronleuchter, eine Treppe führt auf die Empore. Wie kommt man eigentlich an die Bücher ganz oben ran? Muss man nicht, schon unten in Reichweite gibt es so viele verlockende Titel, man nimmt sich einen Band, versinkt im Sessel. Es ist die schönste Bibliothek, die ich kenne.

Ich bin hier!

Kommt, ich besetze schon mal einen Tisch. Ja, draußen. Kann schon sein, dass es etwas kühl und windig ist. Aber diese wunderbare Sonne, diese klare Luft. Und natürlich das Meer. Genau deshalb sind wir hier. Und wenn's doch zu kühl wird, holen wir uns eine Decke und rücken zusammen. Der Milchreis hier in der Milchbar ist göttlich. Kommt, hier ist ein Platz für uns.

Ihr Norderney-Kompass

#2
Der Weg ist das Ziel – **Bummel zum Januskopf**

#3
Königliches Norderney – **der Kurplatz**

Lieber »CONVERSATION« oder »BAZAR«

LOGENPLÄTZE AM MEER

#1
Ahoi am Meer! – **Hafen- und Watt-Welten**

KOMMEN UND GEHEN

WOMIT FANGE ICH AN?

Very British? ← Ne, ostfriesisch!

#15
Landgang – **Teetied in Norden**

Bitte nicht stören

#14
Familienglück – **Besuch bei den Seehunden**

»Ach, wir zieh'n die Schuhe einfach aus!«

WAT IS WATT?

#13
Wandel(n) im wilden Osten – **der Ostheller**

#12
Wattgeflüster – **Wandern auf dem Meeresboden**

#4

Kein Seemannsgarn –
**das Fischerhaus-
Museum**

#5

Sommerfrische –
das Bademuseum

Was war früher
eigentlich so anders?

»EN VOGUE«

DIE PERFEKTE WELLE,
DER PERFEKTE TAG

#6

Quality Coast –
**vom Nordstrand zur
FKK-Oase**

Vom WASSERFALL
ins

FEUERBAD

#7

Schnörkelloser
Sch(l)ick – **Auszeit
im bade:haus**

AVANTGARDE & UMBRUCH

#8

In der Ruhe liegt die
Kraft – **St. Ludgerus
und Stella Maris**

Wolkenkino

SO SIEHT
UNBEZWINGBARKEIT
AUS

#9

Gipfelstürmer – **von
der Georgshöhe zum
Leuchtturm**

Vogelkieken
auf dem Deich

#11

Piepshow am Watt –
**Südstrand- und
Grohdepolder**

#10

Durch die Wälder –
**vom Kurpark zum
Flugplatz**

Ahoi am Meer! –
Hafen- und Watt-Welten

Nicht einmal eine Stunde schippert man von Norddeich aus übers Meer auf die Insel. Zwischen eben noch stressigem Arbeitsalltag und Kofferpacken liegen dennoch Welten. »He!« liest man auf einem der Dalben bei der Einfahrt. Willkommen auf Norderney!

Jahrein, jahraus … aus dem Wasser genommen, neu angestrichen, wieder ins Wasser gesetzt. Im Tonnenhof warten die Wasserzeichen geduldig auf ihren nächsten Einsatz.

Ehe man sie willkommen hieß, bootete man die Gäste in der Frühzeit des Seebads Anfang des 19. Jh. erst einmal aus. Damals war das Ankommen nämlich nicht ganz so einfach, es gab noch keinen Hafen und die Norderney ansteuernden Schiffe mussten im Norderneyer Riffgat, dem südlich zur Insel verlaufenden Fahrwasser, ankern. Die Passagiere stiegen dort in bereitliegende Boote oder bei Niedrigwasser auf Pferdewagen um, die sie an Land brachten. Erst mit dem Bau der ersten eisernen Landungsbrücke 1871 entfiel das umständliche Procedere des Ausbootens. Heute warten Autos und Busse auf die Neuankömmlinge, ein Strom von Urlaubern rattert dann mit Rollkoffern die Hafenstraße hinauf, der Stadt entgegen. Schnell kehrt wieder Ruhe ein, schon nach wenigen Minuten wirkt der Hafen verlassen. Jetzt kann man hier in aller Ruhe auf Erkundungstour gehen.

In Kornrads Welt

Nur ein paar Meter vom Fähranleger liegen die **Watt Welten** **1** – ehemals schlicht Nationalpark-Haus genannt, heute geliebtes Kind mit einem langen Namen: **UNESCO-Weltnaturerbe Wattenmeer Besucherzentrum.** Die hölzerne Außenfassade des 2015 neu eröffneten Besucherzentrums erinnert an die geriffelten Strukturen im Watt. Vorhang auf für das Weltnaturerbe Wattenmeer, das sich auf über 10 000 km² von Den Helder in den Niederlanden bis Esbjerg in Dänemark zieht und zu dem auch der Nationalpark Niedersächsisches Wattenmeer gehört. Über zwei Etagen zieht sich die interaktive Ausstellung, für die man sich Zeit nehmen sollte. Mit einem an der Kasse ausgehändigten Spielstein kann man an verschiedenen Stationen (Nachhaltigkeits-)Punkte sammeln. Von der offenen Dachterrasse bietet sich ein spektakulärer Blick über den Hafen. Hier oben trifft man auch auf Kornrad, eine überdimensionale, als Klettervogel für Kinder gestaltete Kornweihe.

Bunte Riesen

Schräg gegenüber von den Watt Welten fällt der bunte **Tonnenhof** **2** des Wasser- und Schifffahrtsamtes Emden (WSA Emden) ins Auge. Hier lagern verblichene oder reparaturbedürftige Tonnen und Messbojen – ebenso wie ganze Riegen einsatzbereiter, in leuchtendem Grün oder Orange gestrichener Seezeichen, die der Markierung der Fahrwasserrinnen im Bereich der Ostfriesischen Inseln dienen. Zuständig für den Transport ist der Tonnenleger »Norden«, den man am Kai in unmittelbarer Nähe der Seenotretter entdecken kann.

Dürfen wir vorstellen? Kornrad, das Maskottchen der Watt Welten ist eine **Kornweihe** – in Deutschland einer der seltensten und am meisten bedrohten Brutvögel, landesweit gibt es noch 40–60 Brutpaare (weltweit ist ihr Bestand nicht gefährdet). Auf Norderney kann man die ›Habichtartigen‹ am ehesten von den Aussichtsdünen und auf dem Weg zur Oase entdecken. Die Kornweihenmännchen sind fürsorgliche Gatten. Während das Weibchen brütet, kümmern sie sich um die Nahrungsbeschaffung. Sie jagen Mäuse und Kleinvögel, zur Not auch Kaninchen. Manche ›Machos‹ versorgen auch zwei Weibchen. Der Rekord liegt bei sieben.

Eine Betonmauer schützt das Gewerbegebiet des Hafens vor Überflutung. Praktisch, aber doch ziemlich unattraktiv. Aus diesem Grund beschloss ein Malermeister im Ruhestand, die graue Einöde zu verschönern: Wilfried Schlegel bemalte die Mauer von der Mitte der Deichstraße bis zum Seglerhafen, insgesamt rund 350 m, im Stil naiver Kulissenmalerei. Die Bilder zeigen die Geschichte des Hafens, Leuchttürme der Nachbarinseln und die Schiffe der Frisia-Flotte.

Rette mit, wer kann

So lautet einer der Slogans der Deutschen Gesellschaft zur Rettung Schiffbrüchiger (DGzRS), deren 2004 eingeweihtes **Stationsgebäude** 3 den an der Promenade am Weststrand der Insel gelegenen Rettungsbootschuppen von 1892 ablöste. Die »Seenotretter« finanzieren sich ausschließlich aus Mitgliedsbeiträgen und Spenden und sind zuständig für den Such- und Rettungsdienst in Seenotfällen. »SAR« (Search and Rescue) steht auf allen Schiffen, die pro Jahr über 2000 Mal in Nord- und Ostsee im Einsatz sind, um Menschen aus Seenot zu retten, aber auch um erkrankte oder verletzte Menschen von Schiffen und Inseln zum Festland zu transportieren. Seit 1997 war der Seenotkreuzer »Bernhard Gruben« auf Norderney stationiert, Ende 2017 wurde er durch den **Seenotkreuzer »Eugen«** 4 (von der Greifswalder Oie) ersetzt. Wenn der Rettungskreuzer nicht am Kai liegt, ist er im Einsatz.

Segler, Surfer, Snacks

Entlang der Kaikante geht es Richtung **Sportboothafen** 5, der sich bereits Ende der 1970er-Jahre in dem sich östlich anschließenden Hafenbecken etabliert hat. Im Winter ist hier nichts los, umso mehr im Sommer. Norderney ist ein beliebter Anlaufpunkt der Segler, die Entfernung zum Zentrum ist nicht weit, und die Versorgung im Hafen komfortabel.

Zeit für eine Pause: **Ney's Place** 1, das umgebaute und erweiterte ehemalige Restaurant Bootshalle, bietet von allem was: ein stilvolles

Reif für die Insel? In der Saison kann es am Strand zwischen all den Strandkörben schon mal eng werden. Dann ist die Surferbucht eine klasse Alternative.

Restaurant mit Lounge, Kaminfeuer, Wintergarten und die Schirmbar mit 270°-Blick übers Meer. Alle mit toller Sicht auf den Jachthafen, von der hinteren Terrasse auch Aussicht über das Watt und die Surferbucht.

Kurz bevor man Ney's Place erreicht, führt ein Pfad durch die Dünen zur **Surfschule** ❶ – sehr lässig mit Holzbauten auf Stelzen, Bauwagen auf Rädern und Reihen bunter Surfsegel. Auch wer nicht auf dem Wasser aktiv werden oder nur sein Kind zum Surfen abliefern möchte, kann hier gut verweilen. In der **Surferbucht** gibt es einen hübschen kleinen Strand, einen Surfershop und auch einen Kaffee: Man kann sich einen Becher vom Holzgestell nehmen, einen Kaffee aus der Thermoskanne eingießen. Die Füße im Sand, einfach gucken, was so passiert.

▶ **INFOS**

Mehr zum Nationalpark Wattenmeer auf www.nationalpark-wattenmeer.de

INFOS/ÖFFNUNGSZEITEN

Watt Welten ❶: Am Hafen 1, T 04932 20 01, www.nationalparkhaus-wattenmeer.de/nationalpark-haus-norderney, März–Sept. tgl. 10–17 Uhr, im WInter Mo Ruhetag, Erw. 6 €, Kinder (5–17 J.) 3 €, Familien 15,50 €.
Tipp: In der Saison werden fast täglich Touren in den Nationalpark angeboten – viele für Familien mit kleinen Kindern: ins Watt, zum Vogelbeobachten, zu den Seehunden. Wer zu Beginn des Urlaubs eine Führung mitmacht, kann sich während des ganzen Urlaubs an seinem frisch erworbenen naturkundlichen Wissen erfreuen. Das aktuelle Programm findet sich auf www.tickets.wattwelten.de.
Surfschule Norderney ❶: Am Hafen 17, T 04932 648, www.surfschule-norderney.de. Toll sind die Kajaktouren, einfach mal nachfragen.

KULINARISCHES AM HAFEN

Ney's Place ❶ bietet eine vielseitige Gastronomie für jede Tageszeit. Sehr angenehm für Eltern mit kleineren Kindern ist der Spielplatz hinter der Schirmbar, hier kann man also einen Drink nehmen und die Lütten im Blick haben. Im gleichen Gebäudekomplex, gleich neben dem Hafenbüro, befindet sich die **Hafenkneipe Aalkuhle,** der Anlauf- und Treffpunkt für die Bootfahrer. (Am Hansendamm 1, T 04932 99 19 91, www.neysplace.de, Mi–Mo 11–23 Uhr, bodenständige, moderne Küche, 13–36 €, Aalkuhle Di–So 11–22 Uhr, kleinere Barsnacks und Speisen in der Schirmbar und Aalkuhle).

Der Weg ist das Ziel – **Bummel zum Januskopf**

Wenn sich bei Sturm Wellenberge vor der Westküste auftürmen, scheinen sie Mensch und Land an Ort und Stelle verschlingen zu wollen. Um das zu verhindern, begann man Mitte des 19. Jh., den Westteil der Insel durch massive, steinerne Deckwerke zu schützen. So schlug man zudem zwei Fliegen mit einer Klappe, denn es entstand die Strandpromenade, auf der man heute über 6 km am Meer spazieren kann.

Sich regen bringt Segen, dazu eine salzige Brise vom Meer. (Früh-)Sport am Strand wird in der Saison auf allen Inseln angeboten.

Steinern und karg wirken die ersten Abschnitte der Strandpromenade, die gleich am Hafen beginnt. Der schmale Strand wird durch Buhnen, die die Gewalt der Wellen brechen sollen, in artige Abschnitte geteilt, ganz anders das sandige Ende der Nachbarinsel Juist, das man jenseits des

Spaniergats, das die beiden Inseln voneinander trennt, in der Ferne erspäht. Im Wechsel der Gezeiten strömen viermal täglich je 192 Mio m3 Wasser durch die 20 m tiefe Flutrinne, deren Strom am Fundament der Insel nagt.

Sandstrand in Sicht

Nach vier, fünf Buhnenfeldern wird der Strand einladender und breiter, ein Abenteuerspielplatz und Strandkörbe tauchen auf. Willkommen im traditionsreichen, familienfreundlichen **Westbad.** Mit seinen prachtvollen, noch aus der Gründerzeit stammenden Hotelbauten ist es der schönste Teil der Norderneyer Skyline, die schon von der Fähre aus zu sehen ist. Dem Meer zugewandt ist die repräsentative Fassade der **Villa Hanebuth** **1** (heute **Haus am Weststrand**) unmittelbar oberhalb des Strandbads. Den monumentalen, dreigeschossigen Putzbau im Stil der Neorenaissance ließ die Witwe des Norderneyer Badeinspektors 1893 erbauen. Seit 1973 wird das Haus als Familienferienstätte genutzt (▶ S. 90).

Wilder Ritt auf den Wellen

Aus der Reihe der typischen Seebäderarchitektur tanzt die 1872 erbaute und 1892 durch einen massiven Neubau ersetzte Rettungsstation West der DGzRS. Der hübsche Backsteinbau beherbergt das sehenswerte **Rettungsbootmuseum** **2** mit dem grün gestrichenen Ruderrettungsboot »Fürst Bismarck«, das im Notfall mit Pferden aus dem Schuppen und über den Strand in die Brandung gezogen wurde. Wie eine Nussschale muss es auf dem wütenden Meer gewirkt haben. Und doch galt es aufgrund von drei Luftkammern und einem Korkring, der um den mit Stahlblech beschlagenen Holzrumpf gelegt wurde, als unsinkbar.

Mal mir die Welt, wie sie mir gefällt

Mehrmals im Verlauf der Jahrhunderte musste das Deckwerk am Ufer ausgebessert und erneuert werden. Die in jüngster Zeit entstandenen Schutzbauwerke mit als Wellenbrecher eingesetzten Granitblöcken und Schwallelementen aus rotem Backstein sind eindeutig schöner als die alten Zweckbauten, wie beispielsweise Mauern aus grauem Beton, die die Promenade säum(t)en.

… unter den Wellen: Bei extremem Niedrigwasser kann man unterhalb der **Milchbar** **2** noch die letzten Reste des **alten Seestegs** entdecken, der von 1895 bis 1928 einen Spaziergang über den Wellen erlaubte. Zum Herbst hin wurde der Steg abgebaut und in einem länglichen Schuppen untergebracht. Dieser – das schräg hinter der Milchbar liegende, lang gestreckte Backsteingebäude – hat eine bemerkenswerte Karriere hingelegt, denn er beherbergt heute das **Hotel Seesteg**, eine der besten Adressen der Insel (▶ S. 91).

Auf Höhe der **Viktoriastraße** wurde die triste Schutzwand (wie zuvor schon die Mauer im Hafen, ▶ S. 22) durch eine gemalte Bilderkulisse verschönert. Sie zeigt, wie die Viktoriastraße in ihrer Blütezeit um 1900 aussah. Der Vergleich ist ernüchternd, denn viele der alten Bauten mussten seitdem für Neues Platz machen.

Der Abrisswelle entging die Villa Fresena. Das 1870 bis 1873 in neogotischem Stil erbaute Haus heißt heute **Villa Belvedere** **3** und befindet sich in Privatbesitz. Von 1901 bis 1907 war das ursprünglich backsteinsichtige, heute weiß verputzte Bauwerk die Sommerresidenz des Reichskanzlers Fürst von Bülow, der hier im Jahre 1906 Kaiser Wilhelm II. empfing.

Wenn ein schönes dickes Sturmtief über die Nordsee Richtung Osten zieht, schlägt die Stunde der Surfer. Drei bis vier Tage starker Nordwest und die Wellen erreichen eine – auch für Profis – anständige Größe. Im Frühjahr und Herbst, aber auch im Winter sieht man Windsurfer auf den Wellenbergen am Januskopf tanzen.

Places to be – auch heute noch

Ein Highlight im wahrsten Sinne des Wortes ist das Café-Restaurant auf der **Marienhöhe** **1**, die nach Königin Marie von Hannover, der Gemahlin Georg V., benannt ist. Ihrem Lieblingsdichter Heinrich Heine zu Ehren ließ Marie einen Holzpavillon auf der Kuppe der Düne errichten, der 1923 durch den heute noch existierenden Steinbau ersetzt wurde. Eine Treppe führt hinauf zu

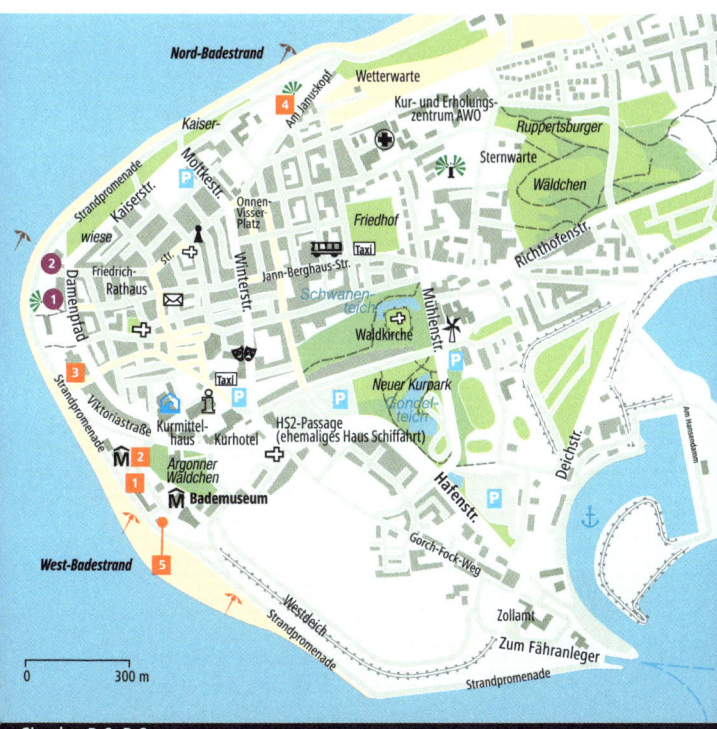

Cityplan B 6–D 2

INFOS/ÖFFNUNGSZEITEN
Rettungsbootmuseum 2: Am Weststrand 5, geöffnet in der Saison, Termine im Veranstaltungskalender, der im Conversationshaus (▶ S. 30) ausliegt.

KULINARISCHES FÜR ZWISCHENDURCH
Genießen gehört zu diesem Spaziergang

dazu: Außer der **Marienhöhe** 1 (▶ S. 94) und der **Milchbar** 2 (▶ S. 97) liegen am Weg auch die **Giftbude,** die **Weststrandbar,** das **Surfcafé** – alle mit grandiosem Panoramablick aufs Meer, alle in ihrer Art besonders und empfehlenswert (zu finden bei den Restauranttipps ab ▶ S. 92)!

dem malerischen, 2016 umfassend sanierten Café-Pavillon. Schön ist es, hier oben zu sitzen und übers Meer zu blicken.

Ein paar Schritte weiter folgt die nächste ›Kultstätte‹ – die **Milchbar** 2, die der Berliner Zeitungsverleger August Scherl 1910 als Strandlesehalle errichten ließ. Von 1945 bis 1951 diente sie der britischen Besatzungsmacht als ›Tea and Coffee Room‹. Erneuert, erweitert und mit einer

Open-Air-Bar ausgestattet, kann man hier noch immer Tee, Kaffee oder einen Cocktail trinken, eine Kleinigkeit essen – zum Sonnenuntergang trifft sich hier gefühlt die ganze Insel.

Mangelware Sand

Östlich der Milchbar verläuft die **Kaiserstraße** parallel zur Promenade. Dem klangvollen Namen zum Trotz dominieren hier neben einigen traditionsreichen, kleineren Hotels nüchterne Apartmentblocks und zwei Hochhäuser – Bausünden aus den 1970er-Jahren, davor ein breiter Wiesenstreifen. Der vergleichsweise schmale Strand ist gespickt mit Buhnen, die die Gewalt der anbrandenden Wellen brechen und den Sand einfangen sollen. Zuletzt wurden 2019 und 2022 Sand in die Buhnenfelder zwischen der Marienhöhe und dem Januskopf eingespült und Dünenketten verstärkt, um die allwinterlichen Verluste auszugleichen.

Hier regiert der Wind

Zum Schutz der Insel tragen auch die Außendünen bei. Zu den höchsten gehört die **Georgshöhe** `4`. Man kann hinaufsteigen und den Weitblick über die Insel, das Meer und den Strand genießen. Am nahen **Januskopf** erstreckt sich das Nordbad, es ist der windigste Ort der Insel. An stürmischen Tagen peitschen die Wellen gegen die steinerne, mit Granitquadern verstärkte Schutzböschung. Im ersten Moment glaubt man an eine Sinnestäuschung, wenn man die Surfer inmitten der wilden Wogen auf ihren Brettern entdeckt.

HINGU-CKER

Von der Georgshöhe fällt der Blick auf den wohl am schönsten gelegenen **Minigolfplatz** der gesamten Nordseeküste. Die Bahnen könnten mal erneuert werden, die Lage in den Dünen inklusive Salzbrise vom Meer macht das aber wieder wett – Thalasso pur (Am Januskopf, in der Saison tgl. 11–18 Uhr).

→ **UM DIE ECKE**

Wer von der Promenade dem Abzweig Richtung Bademuseum folgt, entdeckt rechter Hand versteckt in den Dünen ein kleines **Häuschen** `5` – die 1913 erbaute Wohn- und Wirkungsstätte des Norderneyer See- und Landschaftsmalers Poppe Folkerts (1875–1949). Ursprünglich war sein Atelier mit einem Turm versehen, der 1940 aus militärischen Sicherheitsgründen abgetragen wurde. Die 2010 gegründete Fördergemeinschaft Poppe-Folkerts-Museum Norderney e. V. möchte den ›Malerturm‹ als **Poppe-Folkerts-Museum** wiedererrichten (www.poppe-folkerts-museum.de).

Königliches Norderney – **der Kurplatz**

3

»…die Wimpel wehn, Musik klingt herüber, schöne Damen spielen Crocket und von den Levkoyen- und Reseda-Beeten kommt ein Duft her und erfüllt die Luft«. Schon Theodor Fontane, der in den 1880er-Jahren mehrmals auf Norderney Urlaub machte, genoss es, hier zu bummeln und zu schauen, auf einer Bank zu sitzen und den Klängen des Kurorchesters zu lauschen.

König Georg V. liebte Norderney. Dass er und die feine Gesellschaft in seinem Gefolge höchst willkommen waren, sieht man heute noch an den prächtigen Bauten, die den traditionsreichen Kurplatz säumen. Sie stammen aus der Zeit, als die Insel Sommerresidenz des hannoverschen Königshauses war. Bereits im Gründungsjahr des Seebads war auf der Südseite der großen Dorfwiese ein bescheidenes hölzernes Bauwerk (mit

Hier flanierten schon Könige, Dichter und Denker: Seit fast 200 Jahren ist der Kurplatz der Treffpunkt auf Norderney.

Erstrahlt im alten Glanz: das Conversationshaus

▶ INFOS

Facebox oder so ähnlich: In einem umgebauten Badekarren auf dem Kurplatz kann man Liebeserklärungen an Norderney und die Lieben daheim kostenfrei aufzeichnen. Die Kurzfilme – aus der ›Facebox‹ – werden anschließend auf der Videoplattform YouTube und auf Norderneys Facebook-Seite veröffentlicht. Der Internetgigant legte im April 2012 Einspruch gegen den Namen ein, zu ähnlich seien sich ›facebook‹ und ›facebox‹, der Kurdirektor nahm's gelassen, vielmehr zeigte er sich beeindruckt, dass der Zuckerbergsche Riese aus dem fernen Kalifornien Norderney überhaupt auf dem Radar hatte. So wurde aus der Facebox schließlich die **Neybox** (tgl. 9–18 Uhr) und jetzt kann auch Mark endlich wieder ruhig schlafen.

Billardstube) als Ort der Begegnung für die ersten Badegäste erbaut worden. Nachdem König Georg V. Norderney 1836 zu seiner Sommerresidenz erhoben hatte, entwickelte sich das Seebad rasch zum sommerlichen Treffpunkt der wohlhabenden Oberschicht. 1837 wurde der Grundstein für ein repräsentatives Gesellschaftshaus, das **Conversationshaus** 1, gelegt. Der elegante, klassizistische Bau wurde zum zentralen Anlaufpunkt für die Badegäste, hier traf man sich, verbrachte vergnügliche Abende beim »Whist und Pharaospielen, moquiren und hofiren mit den Damen … und des Abends ein bis zwei Stunden tanzen«, wie der Sommergast Otto von Bismarck 1844 in einem Brief an seine daheimgebliebene Gattin berichtet.

Die Zeiten änderten sich, aus dem Preußischen Staatsbad wurde das Niedersächsisches Staatsbad, das Conversationshaus wurde zum Kurhaus. Zunehmend verlor es an Glanz. In den Jahren 2007 und 2008 wurde das historische Bauwerk in Übereinstimmung mit dem Denkmalschutz sorgsam restauriert und umbenannt: ›Conversationshaus‹ steht nun wieder in goldenen Lettern über dem Haupteingang.

Norderneyer Chic

Elegante Arkadenbögen schmücken das historische **Bazargebäude** 2, das 1858 auf Weisung der hannoverschen Regierung im rechten Winkel zum Kurhaus errichtet wurde. Es sollte »theils zur Aufnahme von Kaufläden, theils zur nächtlichen

Whirlpool mit Aussicht: Über drei Etagen verläuft die luxuriöse Turmsuite im Inselhotel König. Ein Traum.

Beherbergung von Fremden dienen«. Durch verschiedene Um- und Ausbauten passte sich der ›Bazar‹ im Lauf der Zeit äußerlich dem benachbarten Conversationshaus immer mehr an. Heute sind hier neben dem Rathaus verschiedene Läden und mit dem Fremdenverkehr in Zusammenhang stehende Einrichtungen untergebracht.

Burgenromantik

Während die ersten Norderney-Gäste noch in den Häusern der Fischer unterkamen, entstanden in der zweiten Hälfte des 19. Jh. private Logierhäuser. Nur ein paar Schritte vom Kurplatz entfernt wurde 1837 das ›**Große Logierhaus**‹ **3** für den Kronprinzen und späteren König Georg V. errichtet (später Kurhotel, heute Michels Thalasso Hotel Nordseehaus). Die älteste Unterkunft am Kurplatz ist das heutige **Inselhotel König 1**, ehemals Schuchardts Hotel, das in den Jahren 1870 bis 1878 in mehreren Etappen erbaut wurde. Zwischen Ostflügel und Westflügel erhebt sich ein zinnenbewehrter, quadratischer Turm – ein typisches Stilelement des sogenannten Castle Style. Es war Ausdruck der im 19. Jh. ausgeprägten Mittelalterbegeisterung.

Eine Überraschung in Plüsch

Von außen wenig auffällig präsentiert sich das **Kurtheater 5**, das 1893 von dem Hotelier Gustav Weidemann im großen Restaurationsgarten seines Hotels in Auftrag gegeben wurde. Der spätklassizistische Bau orientierte sich am Opernhaus in Hannover und bot Raum für 473 Zuschauer. Schon bald erwiesen sich das Foyer und die Nebenräume als zu klein. Auf verschiedene Um- und Anbauten Anfang der 1960er-Jahre folgte Mitte der 1970er-Jahre der Beschluss, das Kurtheater in einen Neubaukomplex einzubeziehen. Das prachtvolle Portal des Theaters verschwand hinter einem Vorbau.

1977 wurde nebenan das Veranstaltungszentrum ›Haus des Gastes‹ (später ›**Haus der Insel**‹) eröffnet – ebenfalls keine Augenweide. 2018 wurde es von der Behörde erst geschlossen und 2020 abgerissen. Nun freuen sich Insulaner und Gäste über 5000 m² grüne Wiese **6** mitten in der Stadt.

Das alte Theater blieb erhalten, wie es war. Man ist überwältigt, wenn man den, im üppi-

Über zwei Jahrzehnte spielten auf Norderney in den Sommerferien (von Nordrhein-Westfalen) die Warschauer Symphoniker zum Kurkonzert auf – im **Musikpavillon 4** auf dem Kurplatz oder bei schlechtem Wetter im Weißen Saal im Conversationshaus. Viele Gäste verlegten ihren Urlaub in die Symphonie-Zeit. Aber der Zeitgeist hat sich geändert, die symphonischen Konzerte wurden zuletzt immer seltener aufgesucht. 2022 standen die Musikerinnen und Musiker des Warschauer Symphonie Orchesters erstmals nicht mehr auf dem Norderneyer Kulturprogramm. Großen Zuspruch finden dagegen die zahlreichen – spannenden und entspannenden – Formate vom ›Orchester im Treppenhaus‹ (https://treppenhausorchester.de).

INFOS/ÖFFNUNGSZEITEN
Conversationshaus **1**: Mo–Fr 9–22, Sa/So ab 10 Uhr. Tourist-Information (▶ S. 111), Zimmervermittlung, Bibliothek und Lesesaal. In dem zu Veranstaltungen geöffneten ›Weißen Saal‹ zeigen großformatige Gemälde die hannoverschen Könige.
Kurtheater **5**: nur für Veranstaltungen geöffnet (▶ S. 109) und im Rahmen der Stadtführungen (▶ S. 113).
Inselhotel König **1**: www.inselhotel-koenig.de

Cityplan B/C 5/6

UND NOCH WAS …
Auf dem Kurplatz herrscht kein Mangel an Cafés und Restaurants. In bester Lage und entsprechend gut besucht ist **Gosch** **1**. Für den, der Lust auf Fisch hat und den großen Andrang nicht scheut. Mein Lieblingsort für den Abend ist die selfmade-Cocktailbar Atelier Art & Bar **1** (▶ S. 107) im Kurtheater, gerne auch in Kombination mit einem Kinobesuch.

gen Renaissance- und Barockstil ausgestatteten, zweistöckigen Zuschauerraum betritt – wie ein Hoftheater in Parkett-, Rang- und Balkonlogen unterteilt, die Farben Weiß, Gold und Rot dominieren. Theater oder Kino, egal, gönnen Sie sich hier einen Abend!

Ein Denkmal für den Spötter

Vor dem Kurtheater und dem Haus der Insel stand seit 1983 das **Heinrich-Heine-Denkmal** **7**. Der Dichter (1797–1856) besuchte Norderney in den Jahren 1825–27. Es scheint ihm gefallen zu haben, obwohl die spöttischen Verse, die er über die »meistens blutarmen« Insulaner und ihre »Geisteshöhe, oder besser gesagt, Geistesniedrigkeit« schrieb, nicht besonders schmeichelhaft waren. Sie haben ihm verziehen. Die Plastik zeigt einen leicht melancholischen Jüngling mit einem Buch in der Hand. Auf dem Sockel der Skulptur die viel zitierte Zeile aus Heines zum Teil auf Norderney verfassten Gedichtezyklus »Die Nordsee«: »Ich liebe das Meer wie meine Seele«. Als 2020 das »Haus der Insel« abgerissen wurde, verschwand auch das Denkmal des Spötters, es wurde abgebaut und eingelagert. Wann es (bzw. ob überhaupt) wieder aufgestellt wird, ist noch nicht entschieden.

▶ LESESTOFF
Heinrich Heine **Die Nordsee**, erhältlich in mehreren Ausgaben, u. a. Hamburger Lesehefte Nr. 214 oder gebunden erschienen 2017 im Husum Verlag.

Kein Seemannsgarn –
das Fischerhaus-Museum

 # 4

Es war einmal. Als die Norderneyer noch Fischer und Seeleute waren, lebten mehrere Generationen einer Familie in typischen Fischerhäuschen zusammen, das Meer gab den Lebens- und Arbeitsrhythmus vor. Heute sind diese Häuser von der Insel verschwunden. Bis auf eines – hier kann man heute in die Vergangenheit reisen.

Nachdem der Fremdenverkehr zur wichtigsten Erwerbsquelle geworden war, verfielen die traditionellen Fischerhäuser, sie wurden abgerissen und machten größeren Häusern Platz, die mehr Raum boten, um Gäste aufzunehmen. Eines blieb erhalten: Das charakteristische, mit mehreren Wohn- und Wirtschaftsräumen vergleichsweise

So sah das Fischerhaus-museum im Argonner Wäldchen auch einmal aus. Bemerkenswert ist die zugehörige Laube, die sich nur an den Fischerhäusern Norderneys findet.

Die Stuben der alten Fischerhäuser waren klein. Im Winter wochenlang zu Hause abhängen? Kein Problem für die Fischer und Seeleute, sie waren durch die Kajüten an Deck ihrer Schiffe daran gewöhnt, sich auf engsten Raum zu beschränken.

große Fischerhaus (aus der Zeit um 1800) stand ursprünglich in der Winterstraße und wurde noch bis in die 1930er-Jahre von drei Familien als Wohnhaus genutzt. Auf Initiative des Heimatvereins wurde es originalgetreu am jetzigen Standort nachgebaut. Das **Fischerhaus-Museum** 1 legt Zeugnis ab von einer lang vergangenen Zeit und einer Architektur, die es in dieser Form auf der Insel nicht mehr gibt.

Kopf einziehen!

Die Alt-Norderneyer Fischerhäuser waren niedrig gehalten, um den Stürmen so wenig Angriffsfläche wie möglich zu bieten. Der Dachfirst verlief in west-östlicher Richtung, auf diese Weise trafen die an der See vorherrschenden Westwinde die schmale Giebelseite und griffen nicht unter das in alten Zeiten mit Stroh (heute mit roten Ziegeln) gedeckte Dach. Die unterteilten Holzfenster sind klein, die Türen niedrig. Automatisch zieht man den Kopf ein und betritt eine andere Welt. So also wohnten die alten Norderneyer, die als Fischer, ab dem 18. Jh. auch als Schiffer, ihren Lebensunterhalt verdienten. Für die Landwirtschaft war der unfruchtbare Dünensand ihrer Heimatinsel so gut wie unbrauchbar.

Die Ostfriesen sind Weltmeister im Teetrinken. Bei »Teetied – so gäht dat« wurde bis zum Pandemiebeginn im Fischerhaus-Museum die Teezeremonie erklärt. Erst drei Jahre später (2023) stehen erstmals wieder Teeseminare auf dem Programm. Niemand weiß, was die Zukunft bringt, Sie sollten die Chance nutzen – und zu Tee und allgemeinen Erläuterungen auch kleine Insel-Geschichten genießen. Termine der Veranstaltungen finden Sie auf der Webseite des Heimatvereins: www. heimatverein-norder ney.de

Alte und Junge unter einem Dach

Den First des Norderneyer Fischerhauses schmückt ein Zierbrett mit nordischen Symbolen und Runen, die seine Bewohner vor Krankheit und Gefahren bewahren sollten. Es war ein ›Sippenhaus‹, in dem mehrere Generationen unter einem Dach wohnten. Durch einen überdachten Vorraum gelangt man in den Flur, der die ganze Breite des Hauses durchquert.

Die ersten zwei kleinen Räume rechts vom Eingang dienten als Altenteil. Hier findet man eine Ausstellung der Kostbarkeiten, die die Seefahrer von ihren weiten Fahrten nach Hause mitbrachten, darunter chinesisches Porzellan und Silberlöffel – die allesamt nie benutzt wurden. Angeschlossen an die kleine Stube ist eine winzige Schlafkammer. Unter der Schlafbutze, einer Art Alkoven, verwahrte man platzsparend die Kartoffeln.

Den Mittelpunkt des Hauses bildete die große Wohnstube mit einem schönen, mit Delfter Fliesen geschmückten Kamin. Hier fand das Familienleben statt, hier nahm man die Mahlzeiten ein. Die jüngsten Kinder (zehn bis zwölf Kinder waren keine Seltenheit) mussten mangels Sitzgelegenheit im Stehen essen. Kunstvoll gearbeitete und blank gescheuerte Gebrauchsgegenstände aus Zinn, Kupfer und Messing dienten auch der Zierde. Zum typischen Inventar gehörten der Karkstove (eine Art Stövchen, das zum Warmhalten der Füße mit in die Kirche genommen wurde) und Kamin- oder Porzellanhunde, die von den Friesen ›Puffhundjes‹ genannt werden und Stoff für viele, mehr oder minder delikate Geschichten bieten.

... das bisschen Haushalt?

Im Raum neben dem großen Wohnzimmer befindet sich die Werkstatt, in der Netze geflickt und Angelwerkzeuge hergerichtet wurden. Hier sieht man Pütz (Eimer), Gräp (Forke), Sandback (Behälter für Würmer) und Want – die bis zu 3000 m langen, mit bis zu 300 Köderhaken versehenen Angelleinen wurden von den Frauen und Kindern – in der Fangsaison gingen die Kinder nicht in die Schule – mit Wattwürmern bestückt. Das Ausgraben der Wattwürmer – pro Fangfahrt wurden etwa 2700 Wattwürmer benötigt – fiel ebenfalls in den Aufgabenbereich der Frauen, die in der vom Frühjahr bis zum Herbst gehenden Fangsaison fast täglich zur Ebbezeit im trockengefallenen Watt unterwegs waren.

›Strandjen‹ für Gold und Silber

Der Dielenflur endet im Achterhuus (Hinterhaus), einem kleinen, als Schafstall und Toilette genutzten Anbau. Hier ist heute eine Nebelkanone platziert, die bei schlechter Sicht stündlich von der

C
CHIC

Mitunter sieht man einen Insulaner mit einem Goldring im linken Ohr. Dabei handelt es sich nicht um einen vom Festland rübergeschwappten Hipstertrend, sondern um eine alte seemännische Tradition: Der Brauch reicht weit in die Seefahrerzeit zurück, als man sich seine Initialen in eine Kreole einarbeiten ließ, um im Fall des Todes in der Fremde leichter identifiziert werden zu können. Gleichzeitig bot der Ring durch den Materialwert des Goldes die Gewähr, im Todesfall ein christliches Begräbnis zu erhalten. Drei dieser mit Initialen versehenen Ohrringe kann man im Museum bewundern – in einem Bildrahmen im Wohnzimmer des Altenteils.

INFOS/ÖFFNUNGSZEITEN

Fischerhaus-Museum 1: Im Argonner Wäldchen, www.heimatverein-norder ney.de. Öffentliche Führung und Erklärung: Beginn im Teehuus nebenan, Juni–Okt. Mo, Fr 11 Uhr, Mi 15 Uhr, 6 €. Im Winter geschl., Gruppenführungen auf Anfrage, T 04932 17b91 (8–9 Uhr). Veranstaltungen (Juni–Okt.) jeweils 15.30 Uhr, 10 €; z. B. 1. u. 3. Di im Monat Teeseminar; 2. Di Tee mit platt- un hochdütsch Vertellsels.

Cityplan B/C 6

Marienhöhe (später von der Georgshöhe) abge- schossen wurde, um den Fischern die Orientie- rung zu erleichtern, wenn sie auf dem Meer von plötzlich auftretendem Nebel überrascht wurden. Ob die Insulaner an der Insel vorbeiziehende Schiffe bei schlechter Sicht mit Signalen absicht- lich auf die Sandbänke vor der Insel leiteten, sei dahingestellt. Das ›Strandjen‹ bedeutete in jedem Fall einen willkommenen Zusatzverdienst.

So ging bei Sturm vermutlich das eine oder andere Stoßgebet gen Himmel, denn kenterte ein Schiff vor der Küste, stand dem Bergenden ein Drittel des Strandguts als Finderlohn zu. Als im März 1925 der Hamburger Dampfer »Lavinia« mit 36 Kisten voll Gold und 580 Silberbarren an Bord vor der Bismarckstraße in Norderney stran- dete, erhielt jeder der Männer, die an der Rettung beteiligt waren, 3600 Mark; das reichte, um sich ein Haus auf Norderney zu kaufen.

Intim, gemütlich und mit Meerblick: In Norderneys Sommerstandesamt am Weststrand finden fünf Leute Platz: das Braut- paar, die Trauzeugen und die Standesbeamtin.

→ UM DIE ECKE

Am nordöstlichen Eingang zum Argonner Wäldchen bietet das Standesamt der Insel ein idyllisch gelegenes Trauzimmer, die **Hoch- tiedsstuv 2**, in dem man nicht nur heiraten, sondern auch die Hochzeitsnacht verbringen kann. Über 400 Eheschließungen finden pro Jahr auf Norderney statt, übrigens nicht nur in der Hochtiedsstuv, sondern auch im **histori- schen Badekarren** am Strand oder im Conver- sationshaus. Interesse? www.stadt-norderney. de/buergerservice.

Sommerfrische – das Bademuseum

»O Leben und Reisen, wie bist du schön«, jubelte Joseph von Eichendorff 1815. Mit Norderney hatte der Dichter des »Taugenichts« zwar nichts zu tun, im Museum wird er dennoch zitiert, denn genau darum ging und geht es auf Norderney – um das schöne Leben und das Reisen. In den Räumen des alten Freibads erzählt das Bademuseum die Geschichte der Reise- und Badekultur. ▼

Manches war früher eben doch besser: Während der Badegast heute durchschnittlich gerade mal eine knappe Woche auf der Insel urlaubt, blieb man früher gerne sechs Wochen und länger. Nun tickten die Uhren damals freilich auch insofern anders, als dass schon die Anreise mit Kind und Kegel und Dienerschaft fast eine Woche dauern konnte. Eine Reiseroute aus dem Rheinland führte über Rotterdam und Amsterdam nach Emden und dann weiter nach Norddeich, man reiste per

Sommer, Sonne, Sonnenschein – in den 1930er-Jahren. Freie Tage am Meer waren da schon nicht mehr ausschließlich Privileg der Reichen.

Schiff und mit (ungepolsterten) Wagen auf holprigen Straßen. Und auch die ersten Unterkünfte waren nicht unbedingt komfortabel. Manche Dinge muss man eben wirklich wollen – zumindest daran hat sich nichts geändert.

Der mondäne Lauf der Dinge

Die Einrichtung eines Seebads auf Norderney wurde am 17. Mai 1797 in der Landrechnungsversammlung beschlossen. Dafür eingesetzt hatte sich Dr. Friedrich Wilhelm von Halem, der 1802 auch erster Badearzt wurde und sich – um das Vorhaben voranzutreiben – persönlich um die Unterbringung der Gäste kümmerte. Damals bestand das Dörfchen aus einzelnen Fischerhäusern, in denen kinderreiche Großfamilien dicht gedrängt wohnten, und so waren es zunächst nur die Witwen, die ein freies Zimmer anzubieten hatten. Das Geld konnten sie gut gebrauchen.

Bald entstanden die ersten Logierhäuser. »Wohnung flß. Wasser warm u. kalt, preiswerter Mittag- u. Abendtisch«, das war der Luxus, mit dem in Anzeigen geworben wurde. Im **Bademuseum**  schaut man neugierig in eines der einfachen Gästezimmer hinein. Ein Bett, ein Nachttisch, eine Waschschüssel und ein Nachtpott. Auch Zeitungsausschnitte und Schwarz-Weiß-Fotos zeigen, wie das Leben in der Frühzeit des Badetourismus aussah.

Wer einen Korb bekommt, darf sich glücklich schätzen: Heute prägen Strandkörbe die sommerlichen Badestrände an Nord- und Ostsee. Als Erfinder des Strandkorbs gilt der Rostocker Korbmacher Wilhelm Bartelmann, der um 1882 auf Wunsch einer rheumakranken Dame eine »Sitzgelegenheit für den Strand als Schutz vor Sonne und Wind« fertigte. Der aus Weiden und Rohr geflochtene Einsitzer erregte bei den anderen Badegästen großes Aufsehen, auch sie wollten bequem am Strand sitzen. Aus dem Einsitzer wurde ein Zweisitzer, Markisen, Fußstützen, Armlehnen und Seitentische kamen hinzu. Die Logen am Meer sind auf Norderney übrigens alle einheitlich blau-weiß gestreift.

Viele Wege führen ans Meer

Zum Baden ging man getrennter Wege. Auf dem **Damenpfad** gelangten die Damen ins Damenbad, das sich auf der Höhe der Viktoriastraße am heutigen Weststrand befand. Eine kleine Strandszene ist im Museum nachgebaut: Quer über die Promenade verlief eine Absperrung: »Verbotener Weg für Herren«. Das Herrenbad erstreckte sich unterhalb der Georgshöhe. Und – man ahnt es schon – die Herren gelangten auf dem **Herrenpfad** dorthin. Erst im Jahre 1908 erlaubt die Einrichtung eines Familienbades das gemeinsame Baden. Es bedeutete zugleich das Ende der Badekarren.

Badekarren für die Privatsphäre

Diese in England erfundenen ›Bademaschinen‹ *(bathing machines)* dienten einzig dem Zweck, die Damen – die fast gänzlich von »schlotternden, sackähnlichen« Badekostümen verhüllt waren – vor den Blicken neugieriger Zaungäste zu schützen. Die Badekarren, die zu einer Seite hin offen waren, wurden von Badedienerinnen oder von Pferden ins Wasser gezogen, im Museum entdeckt man Fotos dieser Prozedur. Im Schutz aufgezogener Segel oder Markisen knicksten die Damen in die Fluten und ließen zwei bis drei Wellen über sich ergehen. Schwimmen war auch für die Herren noch kein Thema. Angesichts der schweren wollenen Kluft sehr vernünftig – die Badekleider bzw. die knielangen Badeanzüge hätten sich vermutlich voll Wasser gesogen und Damen wie Herren gen Meeresboden gezogen.

Vertrauen Sie der Dame mit der kleidsamen blauen Badekappe und folgen Sie dem Pfeil – die alten Werbeplakate für das ›Paradies der Nordsee‹ im Museum müssen Sie sehen.

Dating zu Heines Zeiten

In der Frühzeit des Seebads konnten sich nur wohlhabende Familien eine Sommerfrische am Meer leisten. Man genoss die frische Luft, spazierte auf der Promenade, lauschte dem Kurkonzert. Zu den täglichen Beschäftigungen gehörte das Lesen der »Norderneyer Badezeitung«, mit besonderem Interesse wurde die »Amtliche Liste der angekommenen Badegäste und Fremden« studiert – übrigens auch auf dem Festland! Datenschutz kümmerte damals niemanden. Im Gegenteil. Wer eine Tochter an den Mann bringen wollte, konnte den betreffenden Kandidaten (gerne vermögend und mit Titel) schon zu Hause in Betracht ziehen und gegebenenfalls spontan die Koffer packen. Außer Name, Titel, Beruf, Religion und Familienstand wurde das Hotel ange-

Traditionsreich und heute als Umkleidekabinen immer noch nützlich: historische Badekarren am Strand

ÜBRIGENS

Nur keine Welle machen? Oh, doch: Vor dem Museum ist die Wellenmaschine des alten Norderneyer Seewasser-Wellenhallenschwimmbades von 1931 ausgestellt, mit der (im ersten Wellenbad dieser Art in Europa!) Wellen bis zu 1,8 m Höhe erzeugt werden konnten.

geben, in dem der erlauchte Gast abgestiegen war – im Museum kann man eine solche ›Fremdenliste‹ in Augenschein nehmen.

Lang ist die Reihe der Berühmtheiten, die auf Norderney Urlaub machten: von Bismarck, von Bülow, Heine, um nur einige zu nennen. Noch heute verweisen in Norderney Schilder an der jeweiligen Unterkunft stolz auf die illustren Gäste.

Im Bann des Meeres

Im Seitentrakt des Bademuseums zeigte die **Galerie Hans Trimborn** viele Jahre Gemälde und Grafiken des Malers und Musikers Hans Trimborn, der von 1919 bis 1939 auf Norderney lebte. Seit Sommer 2019 werden in der **Galerie am Weststrand**, wie sie jetzt heißt, Gemälde des bekannten Norderneyer Seemalers und leidenschaftlichen Seglers **Poppe Folkerts** (1875–1949) ausgestellt. Der kleine Ausschnitt aus seinem Werk macht Lust auf Meer – eine gelungene Etappe auf dem Weg zu einem eigenständigen Poppe-Folkerts-Museum auf der Insel. Der Zugang in die Ausstellungsräume erfolgt durch das Bademuseum, gleiche Öffnungszeiten, im Eintrittspreis inbegriffen.

INFOS/ÖFFNUNGSZEITEN

Bademuseum **1**: Am Weststrand 11, T 04932 93 54 22, www.museum-norderney.de, Mitte März–Anf. Nov. Di–Fr 11–17, Sa/So 14–17 Uhr, im Winter Mi, Sa 11–17 Uhr, Erw. 6 €, erm. 4 €, Schüler/Jugendl. 2 €

Cityplan B/C 6

FÜHRUNGEN, KAFFEE UND KLEINE MITBRINGSEL

Immer wieder montags: Unterhaltsam und informativ ist die abendliche **Museumsführung** durch die Dauerausstellung (Mo 20, im Winter bereits um 16 Uhr, 8 € inkl. Getränk).
Regelmäßig finden in der **Druckwerkstatt** im Untergeschoss Vorführungen statt. Auf der Druckmaschine (vom Typ Heidelberger Tiegel) wird Schreibpapier mit verschiedenen Motiven bedruckt und auch im Museumsshop angeboten. Der **Museumsshop ›Badekarren‹** des Bademuseums ist zwar klein, aber gut ausgestattet. Bücher, Bilder, Fotografien, alte Postkarten, Reklameplakate, schöne Lesezeichen und Drucke rund um die Themen Norderney und Baden im Meer. An der **Kaffeebar** des Museums kann man sich einen Kaffee eingießen und nach draußen setzen.

Quality Coast –
vom Nordstrand zur FKK-Oase

Am Nordbad ist Schluss: Mit der befestigten Promenade endet die Bebauung. Tschüss, Cafés, Stühle und Tische, Laternen und künstliche Wellenbrecher. Hallo, Sand und Dünen, Wind und offenes Meer! Barfuß, mitunter den Wellen ausweichend, geht es immer am Flutsaum entlang.

Schwimmer, Surfer und Sonnenhungrige zieht es in den Bademonaten wie magisch an den **Januskopf 1**. Benannt ist er möglicherweise nach dem Juister Pfarrer Janus, der 1783 die Gründung eines Seebads auf Juist vorschlug, dessen Antrag jedoch abgelehnt wurde. 14 Jahre später erhielt Norderney den Zuschlag, vermutlich, weil es leichter zu erreichen war. Vielleicht bezieht sich

Sich Zeit nehmen, die Sonne und den Weitblick genießen. Ganz hervorragend geht das im Liegestuhl am Januskopf.

der Name auch auf Janus, den römischen Gott des Anfangs und des Endes. In jedem Fall geht hier am **Nord-Badestrand** (auch Nordbad oder Nordstrand) die Strandpromenade tatsächlich zu Ende. Und Norderneys herrliche Naturstrände, die die dem offenen Meer zugewandte Nordseite der Insel prägen, nehmen ihren Anfang.

Ohne Karte und Kompass

Der Badebetrieb bleibt schnell zurück, die Spaziergänger werden weniger, einzelne Jogger, ein paar galoppierende Reiter, bis einem fast niemand mehr begegnet. Man läuft auf sonnenwarmem oder gischtkühlem Sand, der im Flutsaum fester ist als weiter oben, wo man im pudrigen Sand versinkt und das Gehen mehr Mühe macht. Die Spülsaumvegetation am Ufer – lila Meersenf, das stachelige Kali-Salzkraut und Melden – wird von Winterstürmen immer wieder losgerissen und weggetragen. Erst oberhalb des mittleren Hochwasserstandes können sich Pflanzen dauerhaft ansiedeln, angeschwemmter Tang, Quallen und Holzreste liefern dem Boden Nährstoffe.

Oberhalb der Flutmarke gedeihen Gräser wie die Binsenquecke; mit ihren langen Wurzeln festigt sie nicht nur den Boden, sondern fängt auch den Sand auf. So können sich niedrige Dünen bilden, die sogenannten Vor- oder Primärdünen.

»Hier mutt de Büx ut!«
Ein großes Schild über dem Bohlenweg am Zugang zum **Oase-Strand** machte über Jahrzehnte hinweg unmissverständlich klar, dass Textilfreunde und Busausflügler am FKK-Strand nicht willkommen waren. Die Ausgrenzung sorgte für Unmut, zu schön war der Strand, 2016 wurde er geteilt. Die linke Seite wird seither als **Textilstrand** genutzt, der rechte Bereich ist als **FKK-Strand** optisch abgetrennt. Das alte Schild wurde ausgetauscht, nun liest man: »Up rechte Sied mutt de Büx ut!«

Brandungsbaden in der Nordsee: nichts für Wasserscheue und Frierkatzen. Ist aber gesund und macht euphorisch, und manche Insulaner betreiben es ganzjährig. Anbaden auf Norderney: immer am 1. Januar.

Größeren Sturmfluten halten diese jedoch nicht stand und können dann wieder ganz abgetragen werden. Wenn die Primärdünen höher geworden sind und das Salz durch Niederschläge ausgewaschen ist, siedelt sich der Strandhafer an, mit seinem weitverzweigten Wurzelsystem ist er der eigentliche Baumeister der Weißdünenketten (Sekundärdünen). Um die empfindliche Pflanzendecke nicht zu zerstören, dürfen die Dünen nicht betreten werden, die Route führt ohnehin am Wasser entlang.

Muscheln in meiner Hand

Verwunderlich ist es, wie wenig Muscheln am Strand liegen. An manchen Tagen erscheint der Flutsaum wie freigefegt, aber nach heftigen Stürmen kann es vorkommen, dass der ganze Strand übersät ist. Beispielsweise mit Hunderten, Tausenden Exemplaren der langen, aber zerbrechlichen Schwertmuschel, deren Form an die Klinge eines altmodischen Rasiermessers erinnert. Rund und kompakt ist dagegen die Herzmuschel, einer der charakteristischen Bewohner des Wattenmeeres. Hier am Strand am offenen Meer findet man nur die leeren Schalen, wer sie aktiv (sich einbuddelnd) erleben möchte, sollte an einer Wattwanderung teilnehmen (▶ S. 64).

Chilliger Osten

Das Ostbad **Weiße Düne** **2** ist für viele der schönste Strand der Insel, Nachbauten historischer Badekarren dienen als stilvolle Umkleidekabinen, für Kinder gibt es einen Spielplatz im Zuckersand. Wer genug von Wind und Wellen hat, kann in dem Ausflugslokal **Weisse Düne** **1** einkehren und dann den Bus zurück in die Stadt nehmen.

Strand- und Wellensüchtige laufen noch weiter den Strand entlang. Nach zwei Kilometern ist die **Oase** **3** erreicht – der gemischte FKK-Strand ist berühmt für seine grandiose Strandsauna mit Meerblick. Wer mag, kann hinter den Dünen im Restaurant **Strandpieper** **2** eine Pause einlegen und gelangt anschließend per Linienbus zurück in die Stadt. Wer auf dem gleichen Weg am Strand zurücklaufen möchte, erlebt eine ganz andere Tour, denn jetzt wandert man der Sonne entgegen.

An High Noon in Desperado City erinnern die bis zu faustgroßen, weichen, schwammähnlichen Gebilde, die der Wind vor sich her über den Strand weht. Dabei handelt es sich um die Eiballen der **Wellhornschnecke,** die nicht nur in Strandnähe, sondern auch in Wassertiefen bis zu 1200 m vorkommt. Von den etwa 2000 Eiern im Eiballen werden nur zehn befruchtet, die übrigen dienen den geschlüpften Jungen als Nahrung, ehe diese die Kapseln verlassen. Die leeren Eihüllen treiben weiter über den Strand.

Karte 2, A 2–D 1

THALASSO-WANDERN

Die 4 km lange Etappe zwischen Nord-
bad am Januskopf und Weißer Düne
entspricht dem **Thalasso-Kur-Weg
N 7,** die Spazierdauer etwa 1 Std., die
gesamte Strecke vom Januskopf zum
FKK-Strand ist der **Thalasso-Kur-Weg
N 8,** Spazierdauer ca. 1,5 Std. Eine
Beschreibung der Wege findet man im
Web: www.norderney.de/aktiv/laufen-
radfahren/thalasso-kur-wege.html.

TIPP

An einem stürmischen Tag ist es ange-
nehmer, den **Wind** im Rücken zu haben.
Wer hin- und auch zurücklaufen möchte,
sollte vor Beginn der Wanderung die
Windrichtung prüfen und den Gegen-
wind schon auf der Hin-Tour ›abhaken‹.
Wer nur eine Strecke wandern möchte,
sollte den Bus für die Tour gegen den
Wind nehmen.

MIT DEM BUS ODER TAXI

Ganzjährig bedient werden die
Haltestellen am Leuchtturm und an der
Weißen Düne, die Oase/gemischter FKK-
Strand nur im Sommerhalbjahr.
Es könnte ja sein, dass Sie in der

Weissen Düne bei einem Glas Wein
etwas länger hängen bleiben … hier die
Nummer des Norderneyer Taxendienst
NeyTaxi: T 04932 23 45.

SAUNIEREN MIT MEERBLICK

Die **Strandsauna** am FKK-Strand Oase
hat von Mitte April bis Anfang Okt.
geöffnet: Kernzeit tgl. 11–16, in der
Hochsaison 10.30–17 Uhr, Tageskarte
22 €, das Platzangebot ist begrenzt, am
besten vorher reservieren: T 04932 474.

KULINARISCHES AUF DEM WEG

Die Ausflugslokale **Weisse Düne** ❶
(▶ S. 98) und **Strandpieper** ❷
(▶ S. 95) an den Badestränden im
Osten sind ein lohnendes Wanderziel.

SCHÖNE MITBRINGSEL

Weisse-Düne-Shop: Gleich neben dem
Ausflugslokal bietet der kleine Laden
ein edles, ausgewähltes Sortiment:
Strandschönes, Einrichtungs- und
Deko-Gegenstände, Kochbücher, Kerzen
und Muschelseifen, Taschen und Kapu-
zenjacken (Weiße Düne 1, in der Saison
Mi–Mo 11–17 Uhr).

Schnörkelloser Sch(l)ick –
Auszeit im bade:haus

Die bekannteste Thalasso-Insel in Europa – möchte Norderney werden. Deutschlands größtes Thalassozentrum – hat es bereits: Im bade:haus huldigt man dem Meerwasser und seiner heilsamen Kraft.

Schlick, Meerwasser, Algen, Sand und das reizvolle Meeresklima – klingt nicht nach Wellness? Ist es aber. Thalasso wird von *thalassa,* dem griechischen Wort für Meer abgeleitet und steht für die vorsorgende und heilende Behandlung mit den Schätzen des Meeres, die ganzheitlich gut wirken, die inneren Kräfte aktivieren und das physische und psychische Gleichgewicht stärken. »Man pendelt sich ein wie eine Uhr, die plötzlich wieder richtig geht«, schwärmt man in der Kurverwaltung.

Gut zu wissen: Thalasso macht nicht nur schön, sondern auch schlick.

45

Wer auf Norderney nun ein subtropisches Paradies mit Palmen oder ein orientalisches Hamam mit funkelnden Leuchtdioden erwartet, liegt falsch. Schon im Foyer des **bade:hauses** dominieren geradlinige Formen und klare, schnörkellose Strukturen. So fällt es angenehm leicht, sich auf das Wesentliche zu konzentrieren: auf sich selbst – oder je nachdem – den Spaß der ganzen Familie. Man muss sich entscheiden.

Es tropft, dampft und blubbert

Mit Kindern ist man im **Familien-Thalassobad** bestens aufgehoben: ein Schiffstuten verkündet die Ankunft der Wellen, man kann sich ein Schwimmbrett schnappen und in den Wogen schaukeln. Mildes, buntes Licht wechselt mit aufregender Dunkelheit in der Wattwurmrutsche, es tröpfelt, dampft und sprüht unter verschiedenen Duschen. Strandkörbe laden zum Entspannen, Lesen und Schlummern ein, ein hübsch angelegter Wasserspielplatz und die Insel Tumelum sind zum Klettern, Matschen und Buddeln da, die Großen können die Erdsauna ausprobieren. Mit Kindern ein großartiger Ort, in Ruhe seine Bahnen ziehen kann man hier allerdings nicht.

Wasser – und sonst nichts?

Draußen scheint die Sonne, Strandwetter. Die Erwartungen sind groß, man freut sich auf etwas Besonderes, auf eine atemberaubende Architektur, auf die neuesten Wellnesstrends. Und dann – ein großes, leeres Schwimmbecken: die sogenannte **Wasserebene**. Kein Blick nach draußen, keine Musik im Hintergrund, die Beschilderung spärlich, der erste Eindruck: irgendwie leblos. Umso bemerkenswerter ist es dann aber, hier auf Entdeckungstour zu gehen: durch das Bewegungsbecken zu schwimmen – salzig, wunderbar warm und nicht sehr tief –, in den Außenpool zu tauchen und in blubbernden Whirls den Alltag hinter sich zu lassen. Neugierig schaut man um die Ecke einer himmelhohen Natursteinwand: Ein Wasserfall stürzt brausend hinab aus 6 m Höhe, knallt auf Schultern und Nacken mit massierender Kraft. Im Feuerbad kann man bei 42 °C entspannen, weit oben ein Stück Himmel, von dem es in Echtzeit herabregnen, donnern und blitzen könnte. Im Salzbad lässt es sich wohlig schweben wie im Toten Meer.

ÜBRIGENS

Schon Hippokrates beschrieb (400 v. Chr.) den günstigen Einfluss des Meerwassers auf den Organismus. Seit Jahrzehnten entwickelt die Kosmetiklinie **Biomaris** Produkte, die auf Wirkstoffen aus Meerwasser, Meersalz und Meeresalgen basieren. Kombinierte **Biomaris-Shops/Trinkkurhallen** gibt es in allen größeren Seebädern an Nord- und Ostsee – auf Norderney findet man **Biomaris** am Weststrand. Mit Blick auf die freie Nordsee kann man hier ein Gläschen Meerestiefwasser trinken – das (für die Produktion benötigte) Meerwasser wird übrigens nicht (mehr) in der Nordsee, sondern vor der Küste Grönlands gewonnen (Am Weststrand 2, T 0178 730 25 06, in der Saison Mo–Fr 10–18, Sa, So 10–14 Uhr.

INFOS/ÖFFNUNGSZEITEN

bade:haus **1**: Am Kurplatz 2, T 04932 89 14 00, www.norderney.de/badehaus, **Familien-Thalassobad:** tgl. 9.30–18 Uhr, Preise für 4 Std. Erw. 14,50 €, Kinder 4–17 J. 9,50 €. Familienkarten ab 20 € (1 Erw., 1 Kind); **Thalasso Spa:** tgl. 9.30–21.30 Uhr, Preise für 4 Std. Wasserebene 26 €, mit Feuerebene 37 €, Tageskarte 45 €.
Tipp: Abends ist es ruhiger, der Abendtarif gilt ab 17 Uhr: 2 Std. Wasserebene kosten 16 €, Feuerebene 19 €.

MEERESLEUCHTEN

Begrüßt werden Sie mit einem Glas Sekt oder Orangensaft – willkommen zum **Meeresleuchten Nachtschwimmen!** Bei Kerzenschein und Livemusik genießt man das Baden und Schweben im warmen Salzwasser, dazu Sauna-Aufgüsse

und eine Überraschungsanwendung wie Schlickpeeling im Schlammbad oder eine Honiganwendung im Dampfbad (einmal im Monat, Fr 20–0.30 Uhr, 48 €, Anmeldung erforderlich). Lust auf Thalasso? Anwendungen u. Preise online www.norderney.de/badehaus.

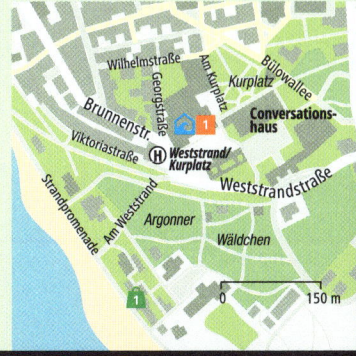

Cityplan B 5/6

Wohltuende Wärme

Eine Treppe führt hinauf in die Feuerebene. Das Angebot ist übersichtlich, das Übliche möchte man meinen: Wäre da nicht die beeindruckende Kelo-Sauna, erbaut aus jahrhundertealten Polarkieferstämmen. Wie wär's mit einem Ingwer-Melisse- oder Wacholder-Zitrone-Aufguss? Danach können Sie am offenen Feuer ruhen oder unter freiem Himmel hoch über den Dächern der Stadt.

→ UM DIE ECKE

Ein kostenloses Fitnessprogramm an der frischen Luft bieten die ausgeschilderten **Thalassowege** – zum Wandern, Walken oder Joggen. Die Thalasso-Kur-Wege N 1–5 sind Rundtouren zwischen 2,2 und 4,5 km, Startpunkt und Infotafel vor dem Eingang zum bade:haus. Die Therapiewege N 6–10 sind Streckentouren und führen ab Nordbad-Januskopf ostwärts – immer am Spülsaum in der Brandungszone entlang (Info inkl. Kartenmaterial im Internet: www.norderney.de/informationen/aktivitaeten/sport/laufen-radfahren.

In der Ruhe liegt die Kraft – **St. Ludgerus und Stella Maris**

Es sind keine weithin berühmten mittelalterlichen Kathedralen, und doch sind die Gotteshäuser der römisch-katholischen Inselgemeinde etwas Besonderes. Architektonisch und gedanklich gehen sie neue Wege und bieten eine beinah himmlische Stille inmitten des Trubels.

Überraschung: Von außen wie früher – unauffälliger norddeutscher Backstein –, von innen ganz anders. Von der ursprünglichen Innenausstattung blieb in St. Ludgerus nur die alte Deckenkonstruktion.

Einen Geistlichen für Norderney, so lautete 1840 der Wunsch, den der Norder Pfarrer Heinrich Lackmann ans Bistum Osnabrück richtete. Dieses lehnte ab – die Saison sei zu kurz, die Zahl der katholischen Inselgäste zu gering. Über 40 Jahre später gab es dann doch grünes Licht für den Bau der Pfarrkirche. Das Geld dafür stammte größtenteils aus Spenden der katholischen Kurgäste, die immer zahlreicher auf die Insel strömten. Geweiht wurde das Gotteshaus dem friesischen Missionar und Klostergründer Ludgerus, der – anders als sein Zeitgenosse Karl der Große – das Christentum nicht mit Feuer und Schwert, sondern durch friedliche Überzeugungsarbeit und ohne Zwang verbreitete.

In Wilhelms Schatten

Viele Urlauber passieren den neugotischen Backsteinbau, ohne ihn recht zu bemerken. Ihr Interesse gilt vielmehr dem **Kaiser-Wilhelm-Denkmal 1**. Die 1898/99 zu Ehren des 1888 verstorbenen deutschen Kaisers erbaute, schlanke Pyramide wird auch Klamottendenkmal genannt (mit Klamotte wurde früher ein zerbrochener Mauer- oder Ziegelstein bezeichnet). Bezugnehmend auf die Reichsgründung 1871 besteht das etwa 12 m hohe Denkmal aus 75, von deutschen Städten gespendeten Steinen. In 61 dieser Steine meißelte man den Namen der jeweiligen Spenderstadt ein. Dort, wo bis 1917 die Büste Kaiser Wilhelms stand, breitet heute eine steinerne Möwe ihre Flügel aus. Die Büste wurde, ebenso wie ein auf der (heute schmucklosen) Spitze platzierter preußischer Adler, gegen Ende des Ersten Weltkrieges für Kriegszwecke eingeschmolzen.

Pause fürs Ich

Haben sie den Obelisk von allen Seiten fotografiert, bummeln die meisten weiter durch die Einkaufsstraßen Richtung Süden, Norden, Westen oder Osten. Schade eigentlich, denn ein Besuch der Kirche lohnt, und sei es nur, um ein paar Minuten innezuhalten. Man betritt **St. Ludgerus 2** durch einen modernen Glasvorbau, eine Wand nehmen Broschüren, Bücher und Hinweise auf Veranstaltungen ein – den Termin für eine Kirchenführung sollte man sich notieren. Der Blick fällt auf eine geschnitzte Madonna mit Kind in dem kleinen Seitenraum rechter Hand, der Rummel in der Einkaufsstraße vor der Tür ist schon vergessen, hier kann man eine Kerze anzünden und zur Ruhe kommen.

Communio-was?

In den Jahren 2007 und 2008 wurde das Kirchenschiff als Communio-Raum neu gestaltet. Das

Vier Kirchen – ein Weg: Die regelmäßig angebotene **Stippvisite** beginnt in der **Evangelischen Inselkirche** (Kirchstraße) und führt über die katholischen Kirchen **St. Ludgerus** und **Stella Maris** zur **Waldkirche** in der Franzosenschanze. Die Tour ist eine angenehme Mischung aus Spaziergang und Innehalten, es wird erzählt, mitunter auch gesungen. Dauer 1,5 Std., Termine im Veranstaltungskalender oder auf der Webseite: https://norderney-kirchengemeinde.de. Der Eintritt ist frei, sehr empfehlenswert.

Ü
ÜBRIGENS

Moderne Zeiten und Brauchtum schließen sich nicht aus: Aufmerksamen Besuchern fällt am neuen Altar in der Kirche **Stella Maris** eine vergoldete Stelle auf. In der Antike soll es Brauch gewesen sein, dass der Töpfer die Scherben eines wertvollen Gefäßes wieder zusammenfügte und die Bruchstellen mit Gold nachzog – die Spuren des Bruchs wurden damit nicht verborgen, sondern verwandelt. Diesen alten Brauch wiederzubeleben, hatte ganz profane Gründe: Der neue Altar war beim Transport auf die Insel beschädigt worden.

klingt kompliziert, bedeutet aber nichts anderes, als dass sich die Gläubigen um den Freiraum zwischen Altar und Ambo (ein erhöhter Ort in der Kirche zur Verkündung biblischer Lesungen) versammeln. Schon in der Bibel heißt es: »Wo zwei oder drei sich in meinem Namen versammelt haben, da bin ich mitten unter ihnen« (Mt 18,20). Altar, Ambo, Tabernakel und Taufbecken schuf der Kölner Bildhauer Arne-Bernd Rhaue aus massivem, grauem Anröchter Stein. Wer den Taufstein genauer betrachtet, entdeckt Einritzungen, die frühgeschichtlichen Felszeichnungen gleichen. Sie zeigen biblische Motive wie etwa die Taufe Jesu durch Johannes im Jordan, aber auch Weltliches wie Radfahren und sommerliches Strandleben.

Stern des Meeres

Als die Kirche in den 1920er-Jahren für die vielen katholischen Sommergäste zu klein geworden war, entstand die Idee einer Sommerkirche – in der Göbenstraße, drei Spazierminuten von St. Ludgerus entfernt. Die Kirche **Stella Maris** 3 ist ein modern wirkender Bau in einer ruhigen, unauffälligen Wohnstraße. Bleiben Sie einen Moment stehen und raten Sie, wann die Kirche erbaut wurde (die 1970er-Jahre sind es nicht). Entworfen hat sie im Jahr 1931 der bedeutende Kirchenbaumeister Dominikus Böhm (1880–1955), der aussprach, was auch dem Kirchenbesucher als Erstes in den Sinn kommt: »Die Kirche [Stella Maris] ist keine ›Dorfkirche‹ für die einheimischen Fischer«. Das ganz in Weiß gehaltene Gotteshaus ist dem vom

Richtig erkannt: Das Altargemälde in Stella Maris zeigt Norderney – Meer, Schiffe, Leuchtturm und Kap.

INFOS/ÖFFNUNGSZEITEN
Pfarrkirche St. Ludgerus 2: Friedrichstr. 22, www.ludgerus-norderney.de, ganzjährig tgl. tagsüber geöffnet
Kirche Stella Maris 3: Goebenstr. 2, geöffnet zu Gottesdienstzeiten, s. Webseite (ludgerus-norderney.de).
Tipp: Eine ausführliche Beschreibung der Kirche findet man auf der Webseite: www.strasse-der-moderne.de.

KULINARISCHES FÜR ZWISCHENDURCH
Der Weg von Kirche zu Kirche führt mitten durch die belebte Fußgängerzone mit vielen kulinarischen Verlockungen. Sehr lecker und stilvoll isst man in **Andre's Restaurant & Café** 1 oder auch im benachbarten **Al Monumento** 2, beide schräg gegenüber der Kirche.

Wem der Sinn eher nach himmlischen Kuchen steht, geht die Straße runter in Richtung Meer zur **Kaffeegenießerei** 3 (▶ S. 93).

Cityplan C 4

Bauhaus in den 1920er-Jahren formulierten Stil der Neuen Sachlichkeit verpflichtet. Mit ihren 500 Sitzplätzen dient sie hauptsächlich den Sommergästen des Seebades, in der Saison sind die Reihen dicht besetzt.

Raum für Betrachtungen

Auf die Empore gelangt man nur von draußen über eine Treppe. »Die Galerie ist geöffnet« verkündet ein Schild. Man steigt die Stufen hinauf und betritt die Empore mit weitem Blick in den Kirchenraum. Die ganze Altarfront nimmt das 1931 von dem Maler und Schriftsteller Richard Seewald aus Arnswalde (Westpommern) geschaffene Altargemälde ein. In zarten Pastelltönen zeigt es die Insel unter dem Schutz der Maria mit dem Jesukind im Arm. Nicht nur (Kur-)Kinder erfreuen sich an den detailreichen Darstellungen: Schiffe auf dem Meer, auf der Insel selbst entdeckt man weiße Bäderarchitektur, die Windmühle, das Kap und den Leuchtturm. In den Dünen grasen Pferde und Kühe. Im Strahlenbündel des Leuchtturms liest man die Worte des Psalms 97: »Laetentur Insulae Multae – Exsultet Terra«. Was so viel heißt wie: »Es mögen sich viele Inseln freuen, es jauchze die Erde«.

Gipfelstürmer – **von der Georgshöhe zum Leuchtturm**

Wo Düne drauf steht, ist auf Norderney auch Düne drin: Das beweist der schlicht und zutreffend als Dünenweg bezeichnete (Rad-) Wanderpfad durch die wunderbare, hügelige Dünenlandschaft. Der Weg führt zu vielen verlockenden Zielen – zum Ostbad, zum FKK-Strand oder eben zum Leuchtturm. Doch egal, wie oft man ihn erlebt, er verzaubert immer wieder.

Bei knalligem Prachtwetter auf der Georgshöhe: Früher Signalstation, Wasserreservoir und Wetterwarte, heute – nur noch – ein prima Ausguck.

Sie wollen hoch hinaus? Sehr gut. Der Startpunkt dieser Tour ist die **Georgshöhe** 🟥**1**, die mit 20 m zu den höchsten natürlichen Erhebungen der Insel gehört. Breite bequeme Stufen führen auf den Aussichtspunkt. Passend zum Panoramablick über die Nordsee, erinnert oben ein Stockanker aus dem 18. Jh. an die Norderneyer Fischer und Seeleute, die ihr Leben auf dem Meer verloren. Der Blick schweift zum Nordbad am Januskopf. Kurz davor zweigt die Straße Am Januskopf von der Promenade ab und führt inseleinwärts bis zur Tannenstraße. Nur ein paar hundert Meter vom Strand gelangt man in eine überraschend ruhige Wohngegend: die **Nordhelmsiedlung** `2` mit einstöckigen Siedlungshäuschen, unauffälligen mehrgeschossigen Ferienhäusern, Fahrradständern in gepflegten Vorgärten. Wer hier eine Ferienwohnung hat, lebt ruhig, familiär und strandnah.

Not macht erfinderisch

Östlich des Kinder- und Jugendheims Detmold, das über einen eigenen Strandzugang verfügt, verläuft der für Radfahrer gesperrte **Zuckerpad** `3`, auf dem die Schmuggler in der Zeit der französischen Besatzung die von Napoleon über England verhängte Handelssperre umgingen und ihre Waren – darunter Zucker – an den, in der Franzosenschanze stationierten Wachsoldaten vorbei ins Dorf brachten.

Der Zuckerpad führt durch ein lang gestrecktes Dünental an der Grenze zweier Vegetationszonen. Die sogenannten **Weißdünen** können über 20 m hoch werden. Sie sind vom Strandhafer geprägt, der ein weitreichendes Wurzelsystem ausbildet, welches den Sand zusammenhält und auf diese Weise die Düne daran hindert, zu ›wandern‹.

Die weißen Dünen lösen inseleinwärts niedrigere, flächendeckend bewachsene Graudünen ab. Deren wind- und sonnenstrapazierten Süd- und Westhänge sind vor allem von Moosen, Flechten und Silbergras bewachsen, während sich auf den geschützt gelegenen Nord- und Osthängen Zwergsträucher mit Krähenbeere und Tüpfelfarn wohlfühlen.

Am Ende der Dünenentwicklung stehen die mit Dünengebüschen und niedrigen Bäumen bedeckten Braundünen. Die hier wachsende Krähenbeere und Glockenheide verwandeln die Dünentäler im Juli und August in blühende Heidelandschaften. Vereinzelte Kiefern und Birken trotzen dem vorwiegend aus Westen wehenden Wind.

RADVERKEHR

Es gab Zeiten – da teilten sich Spaziergänger und Radfahrer einträchtig die schmalen Wege der Insel. Die Radfahrer klingelten, wenn sie Fußgänger sahen. Die machten Platz, man wechselte einen freundlichen Dank und ein entspanntes Moin. Den steigenden Zahlen der Spaziergänger, Radfahrer und E-Biker aber ist das ab den 1970er-Jahren entstandene Rad- und Fußwegenetz vielerorts nicht mehr gewachsen. 2020 wurde der Zuckerpad für Radfahrer gesperrt, diese müssen nun auf den parallel zum Karl-Rieger-Weg verlaufenden Radweg ausweichen. An einem neuen Verkehrskonzept wird gearbeitet. Kein ganz leichtes Unterfangen. Aus Naturschutzgründen (Bestimmungen des Unesco-Biosphärenreservats und des Nationalparks) dürfen keine neuen Radwege gebaut oder bestehende Wanderwege verbreitert werden.

Das Ziel vor Augen …

Norderneyer Wolkenkino

Einblick in die Dünenlandschaft von oben gewährt die **Thalasso-Plattform** 4 am Zuckerpad – weithin sichtbar und sehr lohnenswert. Ein (behindertenfreundlicher) Steg führt gemächlich hinauf, Informationstafeln zum Unesco-Weltnaturerbe Wattenmeer und verschiedenartige Sitzelemente laden zum Verweilen ein.

Was für eine Aussicht! Draußen im Meer ist der Norderneyer Riffbogen an der über den Sandbänken schäumenden Brandung zu erkennen, inseleinwärts erstreckt sich die (nicht zugängliche) **Walter-Großmann-Düne.** Der mit 24,4 m über NN höchste geografische Punkt Ostfrieslands trägt seinen Namen nach dem aus Norden stammenden Geophysiker Walter Großmann (1897–1980). Ostwärts schließen sich weitere ›Gipfel‹ an, die zur Weißen Düne gehören. Der Wanderweg trifft auf die zum Ostbad (Weiße Düne) führende Autostraße – hier geht es rechts und gleich wieder links.

Regen bringt Segen

Durch ein kleines Birkenwäldchen an der Barkenlegde (plattdeutsch *bark* = Birke) erreicht man das **Wasserwerk** 5, das 1959 in Betrieb genommen wurde. Seitdem hier Wasser gefördert wird, hat sich der Grundwasserspiegel gesenkt. Mit der zunehmenden Trockenheit haben sich Birken ausgebreitet, die den hier ursprünglich angesiedelten Moorpflanzen wie Königsfarn und Sonnentau das Licht nehmen. Das Pumpwerk fördert Trinkwasser aus der Süßwasserlinse unterhalb des Inselsockels, die ausschließlich aus Regenwasser gespeist wird und bereits seit Ende der 1880er-Jahre bis heute (!) die autarke Wasserversorgung der Insel gewährleistet. Der Radwanderweg führt durch die Sohle eines weiten Dünentals bis zur Bushaltestelle am **Leuchtturm** 6.

Feuer in der Nacht

Das 1874 in Betrieb gegangene Schifffahrtszeichen ist mit seinem 54,6 m hohen Turm das höchste Bauwerk der Insel. Zunächst wies eine fünfdochtige Petroleumlampe den Schiffen den Weg. Es war Aufgabe der Leuchtturmwärter, das Petroleum – der tägliche Verbrauch lag bei

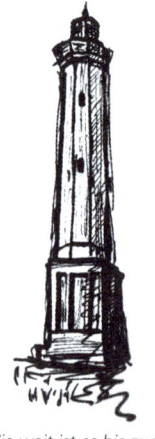

Wie weit ist es bis zum Horizont? Gute Frage, es kommt auf die Augenhöhe des Betrachters an. Der alle 12 Sekunden wiederkehrende Dreifachblitz des Norderneyer Leuchtturms ist 21 Seemeilen (für die Landratten: etwa 40 km) weit zu sehen – theoretisch, denn wegen der Erdkrümmung sind es in Bodennähe nur etwa 30 km.

Karte 2, A 2–D 2

ENTFERNUNG & VERKEHR

Von der **Georgshöhe** 1 zum **Leuchtturm** 6 sind es 7 km.
Die **Buslinie Nr. 4** verkehrt ganzjährig zwischen dem Busbahnhof Jann-Berghaus-Str. und dem Leuchtturm.

INFOS/ÖFFNUNGSZEITEN

Leuchtturm 6: April–Okt. tgl. 14–16 Uhr, bei schönem Wetter auch länger, 2,50 € mit NorderneyCard, die man unaufgefordert vorzeigen muss (sonst 3,50 €), Infoflyer 1 €. Auf dem Weg nach oben ansonsten keine Informationstafeln.

PLATTDEUTSCHER MONAT

Tipp: Im Rahmen des Plattdeutschen Monats im September wird eine (kostenlose) **Führung** auf den Leuchtturm angeboten, dann gelangt man auch in den ›Laternenraum‹.

KULINARISCHES FÜR ZWISCHENDRIN

Schräg gegenüber vom Leuchtturm liegt die **Düne 13** ❶ – Café, Grill, Bierbar – mit Sonnenterrasse (Am Leuchtturm 2, www.duene13-norderney.de, in der Saison tgl. ab 10 Uhr).

25 Pfund – hinaufzuschleppen. Bis 1981 taten die Leuchtturmwärter ihren Dienst, heute wird der Turm von der Verkehrszentrale Ems an der Knock bei Emden vollautomatisch ferngesteuert, überwacht und gewartet.

Einen Fahrstuhl gibt es bis heute nicht. 253 Stufen führen auf einer recht komfortablen Wendeltreppe hinauf zur umlaufenden Zuschauergalerie in luftiger Höhe. Die Galerie ist bis oben hin eingezäunt. Angesichts des Windes, der hier oben an manchen Tagen pfeift, nehmen nicht nur Eltern mit kleinen Kindern den leicht gerasterten Blick gerne in Kauf, um ganz entspannt die Aussicht zu genießen.

Durch die Wälder –
vom Kurpark zum Flugplatz

Nur Dünen, Strand und Wattenmeer? Keineswegs – mit 80 ha Kiefern, Erlen, Pappeln und Birken ist Norderney nach Borkum die waldreichste der Ostfriesischen Inseln. Bereits im 18. Jh. entstanden durch Aufforstung die ersten kleinen Waldgebiete. Man sieht ihnen an, dass der sandige Untergrund keine ideale Basis ist, und doch bieten sie an manchen Tagen angenehmen Schatten und Schutz vor dem Wind.

Tanzen sie, erzählen sie? Wie ein Zauberwald wirken die Birken im zarten Gegenlicht.

Überraschend kühl und schattig empfangen die Spaziergänger und Radler die ersten baumreichen Ausläufer des **Kurparks** 1 mit üppigem Baumbestand. Dann lichtet sich der ›Wald‹, in der Sonne liegt der idyllische Schwanenteich mit sprühenden Wasserfontänen und weiß gestrichenen Parkbänken. Sturm, Sand und Meer scheinen hier weit weg.

Am östlichen Ende des Kurparks trifft man auf die zwischen 1811 und 1813 errichtete **Napoleonschanze** , auch Franzosenschanze genannt. Seit 1912 befindet sich innerhalb der baumbestandenen Erdwälle, die von der Schanze geblieben sind, die evangelische Waldkirche mit einem Altar und einigen Bankreihen, hier werden in den Sommermonaten Gottesdienste unter freiem Himmel abgehalten (Juni–Aug. So 8.30 Uhr, nicht bei Regen).

Liebesgeflüster im Wäldchen

Weiter geht es Richtung Osten. Der Fahrradweg verläuft größtenteils neben der Autostraße, die aus dem Ort hinausführt: die Jann-Berghaus-Straße geht über in die Richthofenstraße. Linker Hand erstreckt sich das **Ruppertsburger Wäldchen** , ein freundlich wirkender Kiefernwald, den auch schon mal ein Rudel Damwild durchstreift.

An der Ecke am Abzweig in den Birkenweg entdeckt man links den kleinen **Bahnhof Stelldichein** . Das hübsche Stationshäuschen ist ein Überbleibsel einer 1915 gebauten Schienenbahn, die bis zur Weißen Düne fuhr und Personen sowie Güter zu sechs bunkerartigen Geschützstellungen transportierte. Nachdem 1947 ein Großteil der militärischen Anlagen samt Gleisen demontiert worden war, entwickelte sich das stehengebliebene Bahnhäuschen zum Treffpunkt für verliebte Pärchen und kam so zu seinem Namen.

Rettung in letzter Minute

Gleich nebenan befindet sich das 2002 errichtete **Cumberland-Denkmal,** eine Nachbildung des Originals von 1866, das 1938 bei dem Versuch, es umzusetzen, zu Bruch ging. Der kleine Obelisk erinnert an den 10. August 1861, als ein Insulaner den 16-jährigen Kronprinzen Ernst August von Hannover, einziger Sohn Georgs V., vor dem Ertrinken bewahrte. Warum Cumberland? Weil der König von Hannover auch Herzog von Cumberland war.

Wenige Gehminuten weiter ostwärts ist das Ausflugslokal **Meine Meierei** (von 1881) erreicht, wo die Stadtbebauung endet. Ursprüng-

R RÄTSEL

Lange fragten sich die Insulaner, wo die vielen Wildtiere herkamen. Die vorhandene Population schien sich verhältnismäßig stark zu vermehren. Das **Damwild** spazierte bis in die bewohnten Gebiete und fraß Friedhofsbeete und Gärten kahl. Im Frühjahr 2016 entdeckten (und fotografierten) dann Nationalpark-Ranger eine Handvoll Tiere, die sich gerade auf dem Weg übers Watt nach Norderney befanden. Ziel der Norderneyer Jägerschaft ist es, den (auf 40 Tiere geschätzten) Bestand auf zwölf Exemplare zu reduzieren. Das Füttern des Damwilds (beispielsweise mit getrockneten Brotresten) ist übrigens eine Straftat.

lich hielt man hier Kühe, mit deren Milch die Kinderheime versorgt wurden, doch schon 1896 warb der Pächter beim »verehrten Publikum« mit Speisen und Getränken um einen Besuch seiner »vorzüglichen Restauration«. Für einen Stopp ist es noch zu früh, vielleicht auf dem Rückweg?

Letzte Ruhe für Bello

Der Radweg führt entlang der Autostraße in offene, weite Landschaft hinaus gen Osten. Auf einer flachen Düne linker Hand der Straße, etwa 1,5 km von der Meierei entfernt, passiert man den **Tierfriedhof** 5. Auf dem ehemaligen ›Peerkarkhoff‹, dem Pferdefriedhof, auf dem früher auch große, von der See angeschwemmte Kadaver vergraben wurden, werden heute vor allem Hunde bestattet. Kreuze und Grabsteine schmücken die Gräber. Namen, die Eckdaten der zusammen verbrachten Jahre und Danksagungen erinnern an die geliebten Haustiere.

Vorsicht vor fliegenden Golfbällen!

Unmittelbar hinter der Abzweigung zum Leuchtturm ist der Rad- und Wanderweg **Erlenpad** 6 ausgeschildert, der an der **Aussichtsdüne am Dünensender** vorbeiführt. Der Aufstieg auf die **Thalasso-Plattform** lohnt! Die zipfelmützigen Sitzgelegenheiten kann man in die Sonne drehen – Sonnenaufgang, Sonnenuntergang, wie es beliebt. Von oben gut sichtbar die nächsten Etappen: das Jugendzeltlager der Jugendherberge, der große, zum Watt hin gelegene Campingplatz Um Ost und der Norderneyer Golfplatz.

A ABSCHLAG

Auch wenn Sie selbst kein Golf spielen, könnten Sie bei Gelegenheit mit diesem Sportwissen glänzen: Der **Norderneyer Golfplatz** ist Deutschlands ältester **Links Course** (›Linkskurs‹). Mit der Richtungsangabe rechts, links hat der Begriff nichts zu tun, es ist vielmehr die Bezeichnung für eine bestimmte Art von Golfplatz – naturbelassen, zwischen Hügeln und Dünen, traditionellerweise am Meer mit wechselnden Wind- und Wetterverhältnissen.

Entschleunigen – sehr gut möglich in den Zipfelmützen am Dünensender

Karte 2, A 2–D 2

INFOS/ÖFFNUNGSZEITEN

Länge: Der Wald-Dünenweg ist eine Strecke der Route, die über 6,3 km vom **Kurplatz** zum **Flughafen** führt.
Verkehr: Die Buslinie 4 (Busbahnhof Jann-Berghaus-Straße–Leuchtturm) wird ganzjährig bedient.

KULINARISCHES FÜR ZWISCHENDRIN

Meine Meierei ❶: Nach umfassendem Umbau und Neueröffnung ist das Traditionslokal wieder ein lohnenswertes Ausflugsziel. Es gibt ein Teezimmer, eine Backstube mit Kontor (hier gibts viele Leckereien aus dem Wirtshaus – hausgemachter Seebärensenf, Meierei

Milchreis), Köstlichkeiten vom Holzkohlengrill und einen sonnigen Käsegarten (Lippestr. 24/Ecke Karl-Rieger-Weg, kein Telefon, meine-meierei.de, Di–So 11–22 Uhr).
Ehemaliges Golfhotel ❷: Lange stand es zum Verkauf, nun soll es abgerissen werden und ein Hotel im 5-Sterne-Segment errichtet werden. Einfach mal gucken … was wird …
Flughafen Restaurant ❸: Netter Service und leckeres Essen, entsprechend gut besucht ist das Lokal in der Saison. Es gibt auch einen Kiosk (T 04932 821 21, www.flughafenrestaurant-norderney.de, Di–So 10–19 Uhr, Vegetarisches, Fisch und Fleisch 12–29 €).

Die 9-Loch-Anlage ist – je nach Wetter- bzw. Windgegebenheiten – auch für passionierte Spieler eine Herausforderung. Diese müssen an stürmischen Tagen nicht nur ihren Schwung, sondern auch ihre Ausrüstung umstellen, um einen hohen Ballflug möglichst zu vermeiden. Scheint nicht ganz einfach zu sein, denn auf dem Radweg warnen Schilder vor fliegenden Golfbällen.

Wohltuend windgeschützt präsentiert sich die letzte Etappe der Tour, die sich durch ein Erlenwäldchen zum **Flughafen** schlängelt. Auf der Terrasse des **Flughafen Restaurants ❸** kann man ganz entspannt das Auf und Ab der Flieger beobachten.

11

Piepshow am Watt –
Südstrand- und Grohdepolder

Im Wechsel der Gezeiten verändern sich die Landschaften am Meer. Bei Ebbe fällt das Watt zweimal täglich trocken. Wenn die Flut kommt, steigen die Surfer in der Surferbucht östlich des Hafens auf ihre mit bunten Segeln ausgestatteten Bretter. Dann kehren auch die Vögel von der Nahrungssuche aus dem Watt zurück – zum Brüten, zum Rasten, zum Schnattern und Schlafen im Südstrandpolder nebenan.

Wildgänse am Himmel. Hören Sie gut hin, dann können Sie sie schnattern hören. Wie weit ist es noch? Können wir eine Pause machen? Ich hab Hunger!

In luftiger Höhe auf der Deichkrone spaziert man vom **Treffpunkt an der Surferbucht** 1 den Verlauf des Deichs entlang. Etwas windstiller ist es am Fuß des Schutzwerks. Der Deich wurde von 1999 bis 2004 erneuert und auf 6,60 m über NN erhöht und damit dem Niveau des Hafendeichs angeglichen.

Zurück zur Natur

Der Deich führt – dem Ostufer der Surferbucht folgend – ans Norderneyer Inselwatt. Mit einem scharfen Linksschwenk lässt man die Surferbucht hinter sich. Weiter geht es – schnurstracks – gen Osten. Rechter Hand schweift der Blick nun über das Wattenmeer bis zum Festland – die Küste gespickt mit Hunderten, gefühlt Tausenden Windkraftanlagen. Linker Hand der **Südstrandpolder 3** – ein von zahlreichen Flachwasserzonen durchzogenes Vogelschutzgebiet, das erst 1940/41 eingedeicht und aufgespült wurde.

Ursprünglich sollte auf diesem Areal ein Militärflugplatz für die Seeflugstation Norderney entstehen. Nach dem Zweiten Weltkrieg wurden die Pläne aufgegeben, die Natur blieb sich selbst überlassen. Im Zuge der Verstärkung des Hafendeichs buddelte man von 1987 bis 1988 Sandmassen aus dem Südstrandpolder und entfernte gleichzeitig das Strauch- und Buschwerk – so konnte sich wieder die ursprüngliche Feuchtgebietsvegetation entwickeln.

Seit 1986 ist das rund 140 ha umfassende Wasserschutz- und Vogelbrutgebiet ein Teil der Ruhezone des **Nationalparks Niedersächsisches Wattenmeer.** Etwa zwei Dutzend Vogelarten, darunter Nachtigallen, Rohrdommeln, Wasserrallen und Teichrohrsänger, brüten hier, andere rasten nur ein paar Wochen auf dem Weg zu ihren Brutplätzen im hohen Norden oder zu den Winterquartieren im Süden. Die Aussicht vom Deich ist klasse, noch besser aber von der kleinen **Beobachtungshütte** am südwestlichen Rand des Schutzgebiets.

Es ist angerichtet

Bei Niedrigwasser kehren die Vögel ins Watt zurück. Es bietet die Nahrungsgrundlage für eine Vielzahl von Vögeln. Ihren Speiseplan bestimmen ihre Schnabelform und -länge: Die schwarz-weißen Austernfischer, die man leicht an ihren roten Beinen und dem geraden roten Schnabel erkennen kann, sowie die Alpenstrandläufer stochern nach Würmern und Herzmuscheln. Als sogenannte Kurzschnäbler halten die Sand- und

ÜBRIGENS

Wohin mit dem Müll? Diese Frage stellt sich auch oder vor allem auf einer Insel in der Nordsee. Auf dem Gelände der ehemaligen Mülldeponie befindet sich heute das **Recycling- und Zwischenlager 2** der Stadt. Wer es auf dem **Alten Postweg** passiert, erkennt hinter dem hohen Zaun einen stattlichen Berg von Bauschutt – ein Großteil stammt von abgebrochenen alten Inselhäusern. Die Backsteine werden zerkleinert und für den Straßenbau auf der Insel verwendet. Der auf Norderney anfallende Grünschnitt wird ebenfalls gesammelt, kompostiert und in den Wirtschaftskreislauf zurückgeführt. Da der Sandboden auf der Insel sehr nährstoffarm ist, besteht immer Bedarf für Humus.

Seeregenpfeifer und der gedrungene Knutt Ausschau nach Schlickkrebsen, Wattschnecken und Würmern. Der Knutt ist ein dynamischer kleiner Globetrotter, der zu den Zugvögeln gehört und im Wattenmeer nur zwischenlandet, um seine Energiereserven für die Weiterreise zu seinem Brutplatz in Sibirien, Alaska oder Grönland bzw. seinem Winterdomizil in Südafrika aufzufüllen.

Kleine Vögel, große Vögel

Am Ende des Deichwegs trifft man beim Campingplatz Um Ost wieder auf die ›Zivilisation‹. Wer jetzt nach links (gen Westen) abzweigt, kann auf dem **Alten Postweg/Planetenweg** nördlich des Südstrandpolders zum Ausgangspunkt an der Surferbucht zurückkehren.

Die eigentliche Tour geht weiter gen Osten. Ein kurzes Stück verläuft der Radweg entlang der Autostraße, die am Golfplatz vorbeiführt. Wer zu Fuß unterwegs oder bereit ist, das Fahrrad zu schieben, kann den unbefestigten Wanderweg südlich des Campingplatzes nehmen. Kurz vor dem Flughafen zweigt der Polderweg rechts auf den Deich ab, der den **Grohdepolder** 4 schützend umgibt. Im westlichen Teil des Grohdepolders befindet sich der Flughafen der Insel. Der Rest des deichgeschützten Areals wird landwirtschaftlich genutzt, hier weiden Pferde und auch Galloway-Rinder, deren Fleisch in einigen Norderneyer Restaurants angeboten wird (als Burger beispielsweise im Surfcafé, ▶ S. 95).

(Neu-)Land gewinnen

Polder bedeutet neu gewonnenes, eingedeichtes Land. Im inselnahen Watt entdeckt man quadratisch angeordnete **Lahnungen** 5 – Reihen von tief in das Watt gerammten Holzpfählen, deren Zwischenräume mit Birkenreisig gefüllt sind. In diesem wellenberuhigten Bereich sinken Sand und Schwebstoffe ab, die mit der Zeit neues Land entstehen lassen. Der Deich umrundet den Polder, biegt gen Norden ab und endet am **Parkplatz Ostheller** 6.

Der Rückweg durch das Inselinnere führt an den ehemaligen Staatsdomänen (Höfen) **Tünnbak** und **Eiland** vorbei. Bis in die 1970er-Jahre wurde hier noch Milchwirtschaft betrieben, heute genießen Camping-Urlauber die schöne, ruhige Lage.

Ein ›Newcomer‹ im Wattenmeer ist der Löffler. Wenn Sie ihn entdecken, wissen Sie, warum er so heißt. Bis in die 1990er-Jahre war sein Vorkommen in Mitteleuropa auf den Neusiedler See in Österreich sowie einige Gebiete in den Niederlanden beschränkt. Inzwischen brütet er auf fast allen Ostfriesischen Inseln (insgesamt 600 Brutpaare). Mit etwas Glück kann man ihn von der **Vogelbeobachtungshütte** am Südstrandpolder aus sehen.

Karte 2, B 2–E 2

INFOS

Polder-Watt-Weg: eine Strecke 12 km Südstrandpolder-Runde: Die kürzere Variante führt nur um den Südstrand-Polder herum, ca. 5,5 km. Diese Etappe finde ich persönlich am schönsten: Die **Thalasso-Plattform am Alten Postweg** ❷ bietet eine grandiose Aussicht auf das Naturschutzgebiet und die Vögel.
Bus: Ganzjährig vom Busbahnhof zum Leuchtturm und zum Flughafen. Fußgänger können vor der Rückkehr in die Stadt auch die Insel gen Norden queren und am Strand zurückwandern.

KULINARISCHES FÜR ZWISCHENDURCH

Auf dem Hinweg muss man sich selbst versorgen – schön ist ein **Picknick** auf dem Deich mit Blick übers Watt hinüber zum Festland, auf dem Rückweg (entlang der Autostraße) passiert man den **Kiosk Moni's Ostende** ❶ mit kleinem Biergarten am Camping Eiland sowie Restaurationen am **Leuchtturm** (Düne 13 ► S. 55) und am **Flughafen** (Flughafen-Restaurant ► S. 59).

> ➤ **UM DIE ECKE**

Barrierefreie Highlights
Am nordwestlichen Rand der Surferbucht führt ein Steg ins Watt ❶. 40 Meter geht es hinaus auf angenehm breitem Holzweg – über Sand, Salzwiese und Schlick. Auch die 2022 neu erbaute Thalasso-Plattform am alten Postweg ❷ ist barrierefrei. Auf sanft ansteigendem Plankenweg geht es hinauf zum Panoramablick über den vogelreichen Südstrandpolder. Unterhalb der Aussichtsdüne verläuft der knapp 2 km lange Planetenweg. Modelle zeigen bzw. zeigten die einzelnen Planeten – in Größe und Abstand maßstabsgerecht verkleinert, (leider wurden einige abgebrochen und mitgenommen).

Wattgeflüster –
Wandern auf dem Meeresboden

Wer auf Safari in Afrikas Nationalparks unterwegs ist, will die ›Big Five‹ sehen: Elefant, Löwe, Nashorn, Büffel und Leopard. Aber haben Sie schon einmal von den ›Small Five‹ gehört? Um Wattwurm, Herzmuschel, Strandkrabbe, Nordseegarnele und Wattschnecke auf die Spur zu kommen, müssen Sie ins Watt. Also, Schuhe und Strümpfe aus, einfach am Deichfuß stehen lassen, ›hier kommt nichts weg‹.

Barfuß im Wattenmeer: Der sonnenwarme Schlick quillt zwischen den Zehen hindurch – ein wundervolles Vergnügen – nicht nur für die Füße.

Mit nackten Füßen und in kurzer Hose ist es am schönsten. Es gibt natürlich auch Tage, an denen man lieber einen dicken Pulli und Gummistiefel trägt, um sich einer geführten Wattwanderung anzuschließen. Das Watt vor dem Campingplatz Um Ost ist angenehm trocken und fest – bis auf eine kleine Etappe Schlickwatt, in dem man bis zu den Knien versinkt. Gummistiefel bleiben hier gerne mal stecken.

Wellness für die Füße

Auf den ersten Blick ist enttäuschend wenig zu entdecken von der Vielfalt hoch spezialisierter Lebewesen, die das Watt bevölkern soll und Hunderttausenden von Vögeln auf ihrem Zug gen Norden und gen Süden einen üppig gedeckten Tisch bietet. Das Auge schweift über die weiten, trockengefallenen Flächen bis hinüber zum Festland: Nur ein paar angetriebene Algen und Muschelschalen. Doch dieser Eindruck täuscht, denn bei Niedrigwasser zieht sich alles, was im Watt kreucht und fleucht, in den schützenden Boden zurück. Eine Wanderung mit einem Wattführer öffnet Augen und Ohren für diese Wunderwelt.

Die Wattwanderer treffen sich zum angegebenen (tideabhängigen) Termin an den Bänken westlich des **Campingplatzes Um Ost** **1**. Zum Deich, der den Süden der Insel schützt, sind es nur ein paar Schritte. Unterhalb des Deichs erstrecken sich Salzwiesen, die zur Ruhezone des Nationalparks gehören und die man nicht betreten darf. Erst 100 m weiter reicht das Watt bis an die Geröllsteinkante des Deichs, »alle zusammenbleiben«, lautet von nun an die Devise. Los geht's, über die Steinkante ins sonnenwarme Watt.

Wattknistern

»Ich höre des gärenden Schlammes geheimnisvollen Ton«, so beschreibt Theodor Storm das Wispern und Knistern, mit dem das Watt bei Ebbe erfüllt ist. Erzeugt wird es von Schlickkrebsen, deren Besiedlungsdichte unter günstigen Bedingungen bis zu 40 000 Exemplare pro Quadratmeter betragen kann: Immer, wenn der 8 bis 10 mm lange Flohkrebs bei der Nahrungssuche seine antennenartigen Fühler auseinanderspreizt, platzt das Wasserhäutchen dazwischen mit einem leisen ›Zipp‹. Wenn er dabei seine u-förmige Wohnröhre nicht verlässt, entstehen rund um den Eingang zarte sternenförmige Kratzspuren.

Häufchenweise Sand

Die auffälligsten Spuren hinterlässt der Pierwurm, auch Sandpier, Watt- oder Köderwurm

> ▶ **INFOS**

Das sollten Sie wissen: So verlockend es auch ist, als Urlauber sollte man **niemals ohne einen kundigen Wattführer ins Watt gehen.** Auch in Sichtweite der Insel kann man bei plötzlich aufziehendem Seenebel die Orientierung verlieren. Viele denken, dass das Wasser bei Flut langsam und in breiter Front auf die Küste zuläuft. Das ist falsch! Die Flut strömt durch sogenannte Priele, die häufig parallel zur Küste verlaufen und einem mit ihrer starken Strömung den Rückweg abschneiden können.

WATTWANDERUNGEN

Es gibt verschiedene Anbieter und Treffpunkte; Auskunft und Termine siehe Aushänge vor Ort, auch in der **Tourist-Information** (▸ S. 111) im Conversationshaus.

Das **Nationalpark-Haus** (▸ S. 21) am Hafen bietet u. a. die Führung »Watt intensiv« (ab 8 J.) an: Treffpunkt ist an den Bänken beim Campingplatz Um Ost, Erw. 10 €, Kinder 7 €, Familie 29 €. Wegen begrenzter Teilnehmerzahl ist eine Anmeldung erforderlich, T 04932 20 01, www.tickets.wattwelten.de

genannt. Geringelte Kotsandhaufen und ein dicht daneben einfallender Trichter markieren Ende und Anfang des etwa 20 bis 30 cm tiefen, u-förmig gebogenen Gangs, in dem der Wurm lebt. Mit dem Vorderende nimmt er den durch den Trichter in die Röhre fallenden nährstoffreichen Sand auf, verdaut die organischen Partikel und scheidet die unverdaulichen Anteile als ›Sandwürste‹ auf der anderen Seite der Röhre wieder aus. Dementsprechend leicht sind die Pierwürmer zu finden. Der Wattführer holt einen dicken Wurm aus dem Watt, wer mag, darf ihn anfassen.

Leichte Beute, Herzchen!

Wer dem ablaufenden Wasser hinterherläuft, bemerkt vielleicht die zahlreichen kleinen Wasserfontänen, die von Zeit zu Zeit wenige Zentimeter über dem Boden emporstrudeln. Gräbt man an genau der Stelle nach, hält man eine rundlich geriffelte Herzmuschel in der Hand, die gerade ihr Atemwasser ausgestoßen hat. Sie wohnt nur 1 bis 3 cm unter der Schlickoberfläche und wird damit leicht frei gespült und eine Beute der hungrigen Vögel. Entsprechend beweglich muss sie sein. Man kann dabei zugucken, wie sie sich mithilfe ihres Fußes ruckelnd wieder ins Watt eingräbt. Je energischer sie das tut, umso besser stehen ihre Überlebenschancen.

Das Einmaleins des Watts

Drei Arten von Watt lassen sich unterscheiden: das Schlick-, das Misch- und das Sandwatt. Wegen des höheren Sandanteils und der besseren Sauerstoffversorgung sind die Lebensbedingungen im Misch- und im Sandwatt wesentlich günstiger als im Schlickwatt, in das der Wattführer die Gruppe nach der Durchquerung eines Priels führt. Mit Schaudern und hellem Vergnügen watet man bis zu den Knien im Schlick. Es gluckst und sabscht – und es stinkt. Der Boden des Schlickwatts enthält bis zu 10 % organisches Material, bei dessen Abbau eine schwarze, sauerstoffarme Schicht entsteht, die nach faulen Eiern riecht. Im Schlickwatt leben neben Millionen und Abermillionen von einzelligen Algen auch Wattschnecken, Schlickkrebse und Wattringelwürmer, die die Algen auf der Wattoberfläche regelrecht abweiden.

Loswandern wenn die Ebbe ihren niedrigsten Stand erreicht hat? Sollte man nicht! Der günstigste Beginn liegt etwa zwei Stunden vor Niedrigwasser. Folgen Sie dem Wattführer, der weiß, was er tut.

Wann kommt die Flut?

Die Wanderung führt zurück aufs trockene Mischwatt bis dicht an das **Riffgat** 2, die Fahrrinne der Fährschiffe heran. Der Wattführer steckt die Wattgabel an den Rand des Gewässers. Die letzten Reste des Schlickschlamms werden abgespült, Baden wäre jetzt schön, aber wer weiß, wo einen die Strömung hintreiben würde. Zwei Fischkutter ziehen vorbei, eine kleine Segeljacht, ein Ausflugsdampfer auf dem Weg nach Baltrum. Die Wattforke steht jetzt schon ein ganzes Stück im Wasser, es ist Flut, das Wasser läuft auf – ganz schön schnell. Zurück geht es zügig über feingeriffeltes Sand- und Mischwatt – auf geradem Weg, ohne Abstecher in den Schlick. Schade eigentlich.

Sammlerobjekt Herzmuschel: Drei bis vier Jahre leben die Tiere – dann wird das Muschelgehäuse von den Wellen an Land gespült.

13

Wandel(n) im wilden Osten – **der Ostheller**

Nirgends ist Norderney so weit, so natürlich, so atemberaubend wie an seinem sandigen Ost-ende in der Ruhezone des Nationalparks. Hier bleiben selbst die Fahrräder zurück, nur zu Fuß geht es weiter. Ziel ist das Wrack an der Rat-tendüne, dessen Graffiti immer wieder anders daherkommen – ›Ich liebe Marie‹, ›Michi war hier‹ –, aber immer bunt, immer persönlich sind.

Sie müssen sich entscheiden: Drei Wege – der Südweg, der Mittelweg und der Strandweg – führen gen Osten. Auf den **Südweg,** der in der Vogelbrutzeit von April bis Juli gesperrt ist, trifft man ein paar Hundert Meter südlich des Park-platzes. Einige am Wegrand abgestellte Fahrrä-der zeugen von Wanderern, die bereits unter-wegs sind, zu sehen ist niemand. Einsam wirkt

Ich bin dann mal weg!

die Landschaft schon jetzt, bevor man den ersten Schritt getan hat. Nach etwa 1 km passiert man die rekonstruierte **Postbake** 1, die im 19. Jh. als Orientierungsmarke den Weg vom Festland auf die Insel wies. In dieser Zeit wurde die Post noch per Kutsche von Hilgenriedersiel aus durch das Wattenmeer befördert.

Blüten im Salz

Weiter geht es durch den vogelreichen, von Prielen und Gräben durchzogenen Heller, der gelegentlich (vor allem im stürmischen Winterhalbjahr) vom Wasser überflutet wird. Salzwiesen erstrecken sich bis ans Watt, im August bieten Tuffs von lila Strandflieder und silbernem, intensiv duftendem Strandwermut reizvolle Kontraste. An den Prielrändern findet man salzresistente Pflanzen wie den dickfleischigen Queller. Im Grenzbereich zwischen Meer und Land trägt dieser Erstbesiedler wesentlich zur Beruhigung des Wassers bei. Um die Ablagerung der mit jeder Flut herangetragenen Sedimente zu fördern, werden Gräben, sogenannte Grüppen, ins Watt gebaggert. Wenn die Gräben mit Schlick gefüllt sind, erfolgt eine weitere Ausbaggerung, der herausgenommene Schlick wird auf den Wattstreifen zwischen den Gräben gesammelt. So wächst neues Land heran, das immer seltener überflutet wird, mehr Pflanzen siedeln sich an, aus dem Meeresboden werden Salzwiesen.

Dort, wo ein Pfad gen Süden Richtung Festland abzweigt, folgt man dem Weg gen Norden und wandert auf die **Möwendüne** 2 zu, die mit Peilbake und Aussichtsplattform schon von Weitem Orientierung bietet.

Wasser in der Wüste

Auch auf dem sogenannten **Mittelweg,** der ganzjährig zu begehen ist, gelangt man vom Parkplatz Ostheller zur Möwendüne. Wer im Verlauf seines Urlaubs nur einmal eine Wanderung ans Ostende der Insel plant, sollte diesen Weg wählen. Schon nach wenigen Metern führt der unbefestigte Pfad mitten hinein in eine faszinierende Dünenlandschaft. Durch Windausblasungen sind hier zum Teil bis auf Grundwasserniveau ausgepustete Dünentäler entstanden, in denen sich Süßwasser gesammelt hat. Mit Strandhafer bewach-

Ü ÜBRIGENS

Ein wenig Namenskunde? Bitte sehr: Der **Queller** heißt so, weil er (auf)quillt, und zwar durch die Aufnahme des Salzes. Die knackige sukkulentenartig wachsende Pflanze ist essbar. Das ›Friesenkraut‹, das in den Niederlanden auch unter dem Namen *zeekraal* im Supermarkt zu finden ist, schmeckt angenehm frisch, aber ziemlich salzig. Man kann es roh essen, blanchieren oder auch leicht anbraten, an der Küste wird es in guten Restaurants immer häufiger als Beilage zu Fisch und als Salat angeboten.

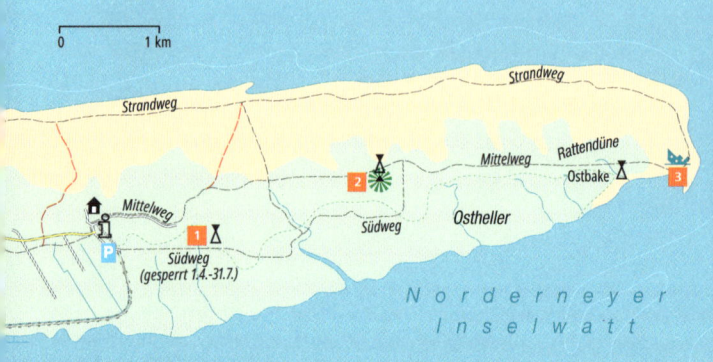

Karte 2, E–H 1/2

INFOS

Start/Ziel: Los geht es am **Parkplatz Ostheller,** der 9 km von der Stadt entfernt ist. Von hier sind es 5 km zum Wrack an der Düne. Grüne Pfähle markieren den Wanderweg, rot markiert sind die Reiterwege.
Dauer: 4–5 Std.
Bus: Ganzjährig verkehrt die Linie 4 zum Leuchtturm und zur Haltestelle Oase auf Höhe des FKK-Strandes.
Achtung: Der Ostheller liegt außerhalb der schützenden Deiche und kann bei Sturmfluten überspült werden.

Man sollte diese Tour nicht bei Sturm unternehmen, es besteht dann die Gefahr, dass einem die auflaufende Flut den Rückweg abschneidet und man auf einer Düneninsel auf das Abfließen des Wassers warten muss.

PROVIANT

Unterwegs gibt es keine Einkehrmöglichkeit, packen Sie **Getränke** und **Proviant** in den Rucksack. Nicht vergessen: Sonnenschutz, Sonnenbrille und Fernglas.

sene, standorttreue Dünen sind hier ebenso zu finden wie kleine Wanderdünen. In den Dünen tummeln sich Kaninchen. Die scheue Brandente brütet gerne in deren Löchern, ihren hartschaligen Eiern macht es nichts aus, wenn mal ein Kaninchen drüber weghoppelt. Neben dem Großen Brachvogel richten hier verschiedene Möwenarten ihre Kinderstuben ein, vor allem Silber- und Sturmmöwen, die am Weg liegende Möwendüne trägt ihren Namen also zurecht. Eine Treppe führt hinauf auf die Aussichtsplattform in 13 m Höhe, das hört sich nicht gewaltig an, doch der Blick ist grandios.

Gestrandet an der Rattendüne

Der Weg zum Wrack führt von der Möwendüne noch etwa 3,5 km weiter gen Osten und ist

Letzter Parkplatz – auch für Fahrräder. Und nun? Rucksack geschultert und einfach los. Ach, ist das Leben schön.

wie alle anderen Wanderwege mit grün gestrichenen Pfählen markiert, ansonsten aber nicht besonders ausgewiesen. Auch auf die vergleichsweise flache (und nicht begehbare) **Rattendüne** verweist kein Schild. Der markante Dünenname weckt Neugier, möglicherweise ist er auf Ratten zurückzuführen, die eine Schiffsstrandung überlebten und hier an Land spazierten. Zwischen den letzten Dünen und der **Wichter Ee,** die Norderney von Baltrum trennt, entdeckt man tatsächlich ein stark eingesandetes, rostiges und mit buntem Graffiti versehenes **Wrack** 3. Es ist der klägliche Rest eines Muschelbaggers, der 1968 bei dem Versuch, einen auf der Sandbank festsitzenden Heringslogger zu bergen, selbst unrettbar strandete, während der zuerst liegengebliebene Segler später wieder freikam.

Hiergeblieben!

In Sichtweite des Wracks sind bei Ebbe auf einer Sandbank ruhende Seehunde, mitunter auch einige Kegelrobben, auszumachen. Näher heran darf man nicht, ein Zaun markiert die Grenze zur Ruhezone des Nationalparks, die nicht betreten werden darf.

Auf der anderen Seite des Seegats Wichter Ee liegt Baltrum, die kleinste der Ostfriesischen Inseln, im Westen geprägt von massiven Küstenschutzanlagen. Nur rund 800 m sind es zur Nachbarinsel. Mal kurz rüberschwimmen? Besser nicht, die Strömung in der schmalen Rinne ist enorm.

Immer am Wasser entlang geht es auf dem Rückweg zunächst ein Stück gen Norden, dann westwärts der Sonne entgegen. Wegweiser fehlen hier – die Winterstürme würden sie wegreißen. Am dritten oder vierten Dünenübergang lässt man den Strand hinter sich und folgt den grün markierten Wanderpfählen noch etwa 1 km bis zum Ausgangspunkt der Tour.

Familienglück –
Besuch bei den Seehunden

Hälse werden gereckt, Kinder auf die Schultern genommen, Ferngläser und Fotoapparate gezückt. Es herrscht reges Gedränge an Bord, wenn die »Frisia XI« nach gut 20 Minuten Fahrt die Seehundbänke an der Fahrrinne nach Baltrum erreicht. Da liegen sie, die knuddeligen Tiere, beneidenswert ruhig und entspannt auf dem Sand und sonnen sich. So gut müsste man es haben, geht einem durch den Kopf.

Heute nichts erlebt? Auch schön. Erst wenn die Flut naht, tauchen die Seehunde wieder ab, um auf Beutezug zu gehen.

Es gibt nur richtige Plätze. Egal, wo man sich niederlässt – das Ausflugsschiff der Reederei Cassen-Tours passiert die Seehunde zweimal, einmal steuerbord (rechts) und einmal backbord (links).

Mit diesem Wissen im Hinterkopf reiht man sich schon wesentlich entspannter in den Strom aus Familien mit Kindern ein, die am Anleger 3 am **Hafen** **1** an Bord gehen. Ziel sind die Sandbänke zwischen der Insel und dem Festland.

Nicht auf allen Fahrten ist ein Mitarbeiter des Nationalparks dabei. Wenn nicht, kommen die Informationen aus dem Lautsprecher, für kleinere Kinder nicht ganz das Wahre, aber sie können das im Salondeck platzierte, auf eine Platte gespannte Seehundfell auch ohne weitere Erklärungen befühlen. Viel weicher ist es, als man es sich vorstellt.

Dolce vita auf der Sandbank

Die meisten Seehunde leben einen Großteil des Jahres weit draußen in der offenen See, doch im Sommerhalbjahr sind sie zur Geburt und Aufzucht der Jungen auf die Sandbänke im Wattenmeer angewiesen. Diese liegen in der normalerweise nicht zugänglichen Ruhezone des Nationalparks. Ein Schiffsausflug bietet die Möglichkeit die possierlichen Tiere in der freien Natur auf den **Seehundbänken** **2** zu beobachten, ohne sie zu stören.

Bald nur noch im Zoo?

Nein, die Zeiten haben sich geändert, den Seehunden im Niedersächsischen Wattenmeer geht es gut. In den 1970er-Jahren sah das anders aus. Die Umweltverschmutzung durch Dünnsäureverklappung und das Einbringen von Insektiziden (DDT) ins Meer hatten dramatische Folgen für die Population, die schließlich kaum mehr als 1000 Tiere zählte. Erst mit dem Verbot des Verklappens von Giftstoffen stiegen die bedrohlich zusammengeschmolzenen Bestandszahlen in der Nordsee langsam, aber stetig wieder in die Höhe. Zwischenzeitlich setzten allerdings Seuchen dem den Populationen zu. So fielen im Jahr 2002 (allein in Niedersachsen) 3850 der damals etwa 6500 dort lebenden Seehunde einem Staupevirus zum Opfer.

Die dramatisch dezimierte Seehundpopulation erholte sich und hat sich auf einem hohen Niveau stabilisiert. 2022 wurden im nledersächsischen Wattenmeer 8723 Seehunde, davon 2176 Jungtiere gezählt.

Ist jede Robbe ein Seehund? Mit Seehund und Robbe ist es wie mit dem Apfel und dem Obst: Robbe ist der Oberbegriff für alle (weltweit 35) Robbenarten, eine davon ist der Seehund, eine andere die Kegelrobbe, die ebenfalls in der Nordsee lebt.
Tipp: Das Nationalparkamt gibt einen tollen, kostenlosen Flyer über Seehunde und Kegelrobben heraus, der im Watt Welten Nationalpark-Haus am Hafen ausliegt, natürlich auch in der Seehundstation Norddeich, die absolut einen Besuch wert ist (www.seehundstation-norddeich.de).

Karte 2, A/B 3

INFOS/ÖFFNUNGSZEITEN

Fahrten zu den Seehundbänken:
in der Saison 1–2 x wöchentl., Dauer
1,5 Std., Erw. 16,50 €, Kinder (6–11 J.)
8,30 €
Info: Hafenterminal ›Haus Schiffahrt‹,
Hafenstr. 1, T 04931 98 70, www.
inseltouristik.de
Verkaufsstellen: Im Hafenterminal und
im Reisebüro Norderney, Adolfsreihe 6.
Pünktlich zu den Abfahrtszeiten verkehrt
ein Shuttlebus zum Hafen, Info auf der
Website der Reederei.

Ein Seehund, zwei Seehunde, drei ...

2176 Jungtiere? Wer kann denn so genau zählen?
Und was ist mit den Seehunden, die beim Zählen gerade unter Wasser Fische jagen? Die Kids
an Bord stellen bemerkenswerte Fragen. Also:
Ab Mitte Juni heben in Niedersachsen, in Schles-
wig-Holstein, aber auch in den Niederlanden und
in Dänemark Seehundzähler mit ihren Kleinflug-
zeugen ab. Die Zählungen aus der Luft starten in
den Ländern zeitgleich, um Doppelzählungen der
sehr mobilen Seehunde zu vermeiden Bis Mitte
August werden die Seehundbänke mehrmals fotografiert – natürlich bei Niedrigwasser, weil sie
sonst ja überflutet wären. Die Bilder werden später
am Computer ausgewertet und die Daten an das
»Gemeinsame Wattenmeer-Sekretariat« (Com-
mon Wadden Sea Secretariat) in Wilhelmshaven
geschickt. Warum gerade zu diesem Zeitpunkt?
Weil die im Juni geborenen Jungtiere dank der mit
einem Fettgehalt von 45 % extrem fetthaltigen
Seehundmilch schnell heranwachsen. Ende August kann/könnte man sie schon nicht mehr von
den Muttertieren unterscheiden.

Seehundbabys brauchen Ruhe

Die **Seehundbabys** werden auf den Sandbänken
geboren. Wenn gerade Hochwasser herrscht,
zögert die Seehundmutter die Geburt so lange
hinaus, bis die Sandbänke bei Ebbe wieder tro-
ckenfallen. Seehundbabys können zwar gleich
nach der Geburt schwimmen, müssen aber auf
den Sandbänken von der Mutter in den ersten

Wochen regelmäßig gesäugt werden. Werden sie beim Säugen aufgescheucht, beispielsweise durch Wattwanderer, Freizeitkapitäne oder Surfer, kann es leicht passieren, dass sie panikartig ins Wasser flüchten und das Junge den Anschluss an seine Mutter verliert. Mit heulenden Rufen versucht es dann, die Mutter wieder anzulocken – daher der Name Heuler.

Die »Frisia XI« tuckert langsam an den Seehundbänken vorbei. Keine Unruhe auf der Sandbank. Ein einzelnes Tier robbt schwerfällig dem Wasser zu, erstaunlich massig ist es. Bis zu 1,70 m lang können männliche Seehunde werden und 150 kg auf die Waage bringen (Weibchen 1,30 m und 110 kg). Während sie an Land unbeholfen wirken, sind sie im Wasser in ihrem Element. 3 bis 5 kg Fisch verspeisen sie täglich – zum Unmut einiger Berufsfischer. Die finden es übertrieben, dass die Seehunde im Nationalpark so ›betüddert‹ werden.

Die Skyline von Norderney

Die »Frisia XI« macht etwa auf Höhe des Leuchtturms kehrt und passiert erneut die Seehundbank. Das Ausflugsschiff lässt den Hafen hinter sich und folgt der Fahrrinne, die dicht an der Insel entlangläuft: Strandkörbe am Weststrand, weiße Prachtbauten aus der Gründerzeit, es folgen die malerische Marienhöhe, aber auch nüchterne Apartmentblocks und Hochhäuser aus den 1970er-Jahren – Altes und Neues nebeneinander, dieser Architekturmix gehört zu Norderney wie die Seehunde.

WICHTIG

Finger weg von jungen Robben! Wer einen jungen Seehund mutterseelenallein am Strand findet, möchte helfen. Doch längst nicht jedes Tier ist hilfebedürftig. Man sollte es auf keinen Fall anfassen und immer einen Mindestabstand von 300 bis 500 m einhalten. Wenn der Seehund verletzt ist oder krank wirkt, sollte man die **Seehundstation in Norddeich** benachrichtigen, T 04931 97 33 30. Ob und welche Hilfe nötig ist, können die Mitarbeiter der Station entscheiden.

Seehunde, ein Segelboot, die Marienhöhe – wenn die Wellen leise vor sich hinkabbeln, ist der Alltag so fern.

Landgang – **Teetied in Norden**

Am baumbestandenen Marktplatz in Norden liegen die imposante, mittelalterliche Ludgerikirche, prachtvolle Bürgerhäuser und das Alte Rathaus mit dem Ostfriesischen Teemuseum. Außen hui und innen? Typisch ostfriesisch und ziemlich einzigartig.

Überdurchschnittlich viele Über-Hundertjährige leben in Ostfriesland. Ob's am Teetrinken liegt? Dafür sprächen die gemütlichen kleinen Auszeiten der ›Teetied‹ am Nachmittag oder auch der ›Elführtje‹ am Vormittag.

Erst durch verheerende Sturmfluten, die den Einbruch der Leybucht zur Folge hatten, wurde der kleine Marktflecken Norden im 14. Jh. zur Hafenstadt, die sich im 15. Jh. zu einem der wichtigsten Häfen an der ostfriesischen Küste entwickelte. An prächtigen Bürgerhäusern kann man noch heute den damaligen Wohlstand der Stadt ablesen. Mit der zunehmenden Verlandung und Eindeichung der Leybucht verlor der Handelshafen schließlich seine Bedeutung. Durch den Bau des Leybuchtsiels 1929/30 wurde die Stadt endgültig vom offenen Meer abgeschnitten.

Musik zur Marktzeit

Im Herzen der Stadt liegt der knapp 7 ha große, baumbestandene Marktplatz. In seiner Mitte erhebt sich die mächtige, teils aus rheinischem Tuffstein, teils aus Backstein gebaute **Ludgerikirche**  mit ihrem frei stehenden, um 1300 errichteten Glockenturm. Der heute größte und bedeutendste mittelalterliche Sakralbau Ostfrieslands stammt aus mehreren Epochen. Ältester Teil ist das 1235 bis 1250 entstandene romanische Langschiff mit halbrunder Apsis im Osten. Das 1318 in Angriff genommene Querschiff erhielt 1445 seine heutige Gestalt. Das sehenswerte Innere der Kirche birgt viele wertvolle Ausstattungsstücke.

Überwältigend ist die 1686 bis 1692 von dem berühmten Hamburger Orgelbaumeister Arp Schnitger erbaute **Orgel.** Durch die ungewöhnlich asymmetrische Anordnung um den südöstlichen Vierungspfeiler herum erreicht der »edle und vielfarbige Klang« alle Raumteile der Kirche gleich gut. Gespielt wird sie in allen Gottesdiensten, im Sommer übrigens auch am Samstag, wenn Markt ist. Wer mit dem Einkaufen fertig ist, kann sich in die Kirchenbank setzen und den erhebenden Klängen lauschen.

Bevor Sie die Kirche verlassen, sollten Sie in der alten **Küsterei** vorbeischauen. Die ehemalige Küsterwohnung – unmittelbar am Ein- bzw. Ausgang zur Kirche – beherbergt einen **Weltladen** mit fair gehandelten Produkten (Kuscheldecken, Kerzen, Schokolade, auch Weine) und die Gemeindebücherei. Ein sehr nettes Ensemble!

Auf einen Tee ins Museum

Nur ein paar Schritte weiter, auf der Westseite des Marktplatzes, steht das im Jahre 1531 zerstörte, 1539 bis 1542 wieder aufgebaute **Alte Rathaus,** das heute Tourist-Information, Heimatmuseum und Ostfriesisches Teemuseum unter einem Dach vereint. Der ›Rummel‹ (Festsaal) des alten Rathauses vermittelt mit seinen antiken Möbeln, kostbarem Silber und Widmungsporzellan einen Eindruck vom Leben in reichen ostfriesischen Bürgerhäusern. Sie können hineingehen, sich umsehen und dann nahtlos weiterschlendern

Ein Glücksfall für die Welt: die gelungene Restaurierung der Schnitger-Orgel durch Jürgen Ahrend (Leer-Loga) Anfang der 1980er-Jahre

▶ **INFOS**

Im **Ostfriesischen Teemuseum** 2 befindet sich auch die Tourist-Information. Dort liegt die informative Broschüre **Blickpunkte in Norden-Norddeich,** mit Informationen zu Ausstellungen, Sehenswürdigkeiten und Museen aus. Falls Sie vorher schon mal gucken möchten, was Sie sich in Norden und Norddeich anschauen möchten: www.blickpunkte-norden-norddeich.de.

Echt jetzt? Der berühmte Ostfriesentee – schwarz und stark seit Anfang des 18. Jh. – ist keine geschützte Marke. »Echter Ostfriesentee« wird dagegen (bisher) nur in Ostfriesland komponiert.

M
MEISTER

Zahlen, bitte! Die Ost-friesische Teekultur wurde 2017 offiziell in die Liste des Immateriellen Kulturerbes aufgenommen. Die Ostfriesen sind mit **300 l im Jahr Weltmeister** im Teetrinken. Was die Menge angeht, (alle Zahlen beziehen sich auf Schwarz- und Grüntee) stehen ihnen Türken und Afghanen deutlich näher als der Rest der Deutschen. Der Durchschnittsdeutsche kommt gerade einmal auf 28 l. Das Tee-Land Großbritannien liegt mit 201 l Pro-Kopf-Verbrauch weltweit nur an sechster Stelle.

in die Räumlichkeiten des **Ostfriesisches Teemuseums** 2 . Hier erfährt man alles über die Herstellung der Ostfriesischen Teemischungen, über die Anbaugebiete, die Dekore des ostfriesischen Teegeschirrs und natürlich über die berühmte ostfriesische Teezeremonie.

Nebenan im 500 Jahre alten Ubbo-Emmius-Haus befindet sich das **TeeMuseum** 3 , das wegen umfassender Renovierungsarbeiten und Neukonzeption seit einiger Zeit geschlossen ist. So ein Aufwand für noch ein Teemuseum? Lohnt sich das? Ja, unbedingt! Anhand einer der weltweit bedeutendsten Sammlungen – Porzellane aus Fürsten- und Königshäusern, Silber und Gemälde – wird die internationale Geschichte des Tees erzählt – auf welche Weise und mit welchen neuen Schwerpunkten können Sie bei Ihrem nächsten Besuch herausfinden.

→ UM DIE ECKE

Besonders schön ist die Südseite des Markts mit einer geschlossenen Häuserzeile historischer Bauwerke aus Renaissance und Barock. Die **Mennonitenkirche** 4 ist ein dreiteiliger, palaisartiger Gebäudekomplex mit Freitreppe. Zur Linken schließt sich das 1884 im klassizistischen Stil erbaute **Neue Rathaus** an. Ein Kleinod sind die in niederländischem Frühbarock anno 1617 entstandenen **Dree Süsters** 5 (›Drei Schwestern‹) am Markt 12, 13 und 14. Schauen Sie genau hin, die Nummer 14 ist ein rekonstruierter Neubau, das Original wurde abgerissen, um Platz für Parkplätze zu schaffen.

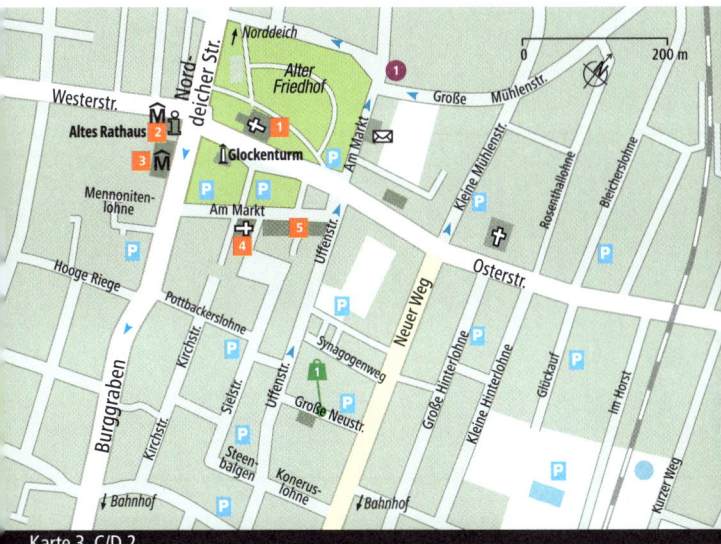

Karte 3, C/D 2

INFOS/ÖFFNUNGSZEITEN

Anreise mit dem Auto: Die B72 verbindet Norddeich mit Norden, sie führt direkt am Markt vorbei.

Anreise mit dem Bus: Die Linie 412 verkehrt regelmäßig zwischen Norddeich-Mole und Norden Mittelmarkt, Fahrtzeit 15 Min.

Ludgerikirche 1: Am Markt 37, www.norden-ludgeri.de, April–Okt. Mo 10–14.30, Di–Sa 10–17 Uhr, Nov.–März Mo–Sa 10–12.30, Di–Fr auch 15–17 Uhr. Gottesdienst So 10 Uhr.

Kostenlose Kirchenführung Juni–Okt. Do 15 Uhr; Orgelmusik zur Marktzeit Mai–Sept. fast jeden Sa um 10.30 Uhr; Sommerkonzerte in der Regel Mi 20 Uhr.

Ostfriesisches Teemuseum 2: Am Markt 36, T 04931 121 00, www.teemuseum.de, März Di–So 10–17, April–Okt. tgl. 10–17, Nov.–Feb. Mi, Sa 11–16 Uhr, 8 €, Teezeremonie ganzj. Mi und Sa 14 Uhr, in der Saison öfter, 3 € zzgl. Eintritt.

TeeMuseum 3: Am Markt 33, T 04931 138 00, www.teemuseum-norden.de, Ostern–Ende Okt. Di–So 12–17 Uhr, 6 €, gratis Führungen Di, Mi, Fr–So 13, 15 Uhr.

KULINARISCHES FÜR ZWISCHENDRIN

Bei **Minna am Markt 1** (Am Markt 68, T 04931 32 11, Di–So 11.30–14, 17.30–22 Uhr) kann man in der Woche (Di–Fr 11.30–14 Uhr) auf einen gutbürgerlichen, preiswerten Mittagstisch (um 13 €) hereinschauen. Die Karte ist nicht überfrachtet, Fisch, Fleisch und Gemüse, alles frisch und lecker zubereitet.

SHOPPING

Die vom Markt ausgehende **Osterstraße** ist eine typisch norddeutsche Einkaufsstraße mit Boutiquen, Cafés, Buchladen (Lesetipp: Die lohnenden Ostfriesen-Krimis von Klaus-Peter Wolf sind in Norden angesiedelt!), Teeläden; ebenso der gen Süden abzweigende Neue Weg. Zu einem kleinen Künstlerviertel hat sich die **Große Neustraße** entwickelt. In den **Werkstattläden** entstehen individuelle, mit Liebe gearbeitete Stücke (Keramik, Schmuck, Holz). Im **Kontor** (Große Neustraße 8+9) gibt's Delikatessen, Weine, Kochutensilien und leckere Speisen.

SCHAUFENSTER *in eine vergangene Welt...*
Vom armen Fischerdorf zur prachtvollen königlichen Sommerresidenz. Zwischen Neubauten überraschen Architekturperlen.

SCHON ENTDECKT?

Höhe 13

An der Oster- und der Langestraße stehen die ältesten Häuser aus der Zeit, als die Insulaner noch vom Fischfang lebten. Zwischen Garten- und Langestraße entdeckt man die winzige Höhe 13 von 1816 (heute privat).

○ JA ● NEIN

📖 C 5, Langestraße 13

Villa Felicitas
www.villafelicitas.de

Ein Kleinod der Jugendstil-Bäderarchitektur! Das 1907 mit direktem Meerblick erbaute, heute zwischen Neubauten eingeklemmte Schmuckstück wurde lange von Reichskanzler von Bülow als Gästehaus genutzt.

○ JA ● NEIN

📖 B 5, Damenpfad 15

Wilhelm-Augusta-Heim

Das um 1890 errichtete Lehrerinnenerholungsheim bezaubert mit bodenständigem Fachwerk, einem laubenartigen Eingangsbereich, einer hinter säulengestützten Bögen geschützten Loggia und verglasten Holzveranden (FeWos).

○ JA ● NEIN

📖 D 5, Marienstraße 14

Ehemaliges Haus Schiffahrt

Drei Rundbögen säumen den Eingang des 1896 von der königlich-preußischen Bahndirektion als Gepäckabfertigungshalle und Fahrkartenschalter erbauten ›Bahnhofs‹ – Gleise hat es nie gegeben (heute Einkaufspassage).

○ JA ● NEIN

📖 C 5, Bülowallee 2

Postamt

Das imposante Postamt mit Ornament-schmuck und Wappen ist das markan-teste Gebäude der Kaiserzeit, in der Norderney einen enormen Aufschwung und rege Bautätigkeit erlebte. Heute ein Wohn- und Geschäftshaus.

JA   NEIN   B 4, Poststraße

Evangelische Insel-kirche
Mo–Do, Sa 8–17, Fr 12–17, So nach dem Gottesdienst bis 17 Uhr, Di 11 Uhr Kirchenführung

Das Gotteshaus im Stil der Backstein-gotik wurde am 11. Juni 1879, dem goldenen Hochzeittag des Kaiserpaars, eingeweiht. Das Standbild Martin Luthers vor der Kirche wurde 1883 zu dessen 400. Geburtstag aufgestellt.

JA   NEIN   B 5, Kirchstraße 3

Klein, aber noch mein …

Auf dem Weg vom Fischerdorf zum Nordseeheilbad musste alles weg, was nicht genug Platz für Gäste bot. Zwischen wuchtigen Wohnklötzen überrascht ein wirklich winziges Fischerhaus aus früheren Tagen.

JA   NEIN   B 4, Tollestr. 8

Windmühle ›Selden Rüst‹

Das einzige reetgedeckte Gebäude der Insel trägt den Namen ›Selden Rüst‹ (›selten ruhig‹). Von 1862 bis Anfang der 1960er-Jahre versorgte die Kornmühle die Bäcker der Insel mit Roggen- und Weizenmehl.

JA   NEIN   E 5, Marienstraße 24/Ecke Mühlenstraße

Wasserturm

Die markante Landmarke – mit 42 m das zweithöchste Gebäude der Insel – wurde 1930 eingeweiht und ist bis heute in Betrieb. Der darin befindli-che Wasserbehälter fasst 500 000 l Trinkwasser.

JA   NEIN   E 4, Am Wasserturm

Inselhopping

Auf Sand gebaut sind sie alle, die sieben bewohnten Ostfriesischen Inseln. Im Gegensatz zu den Nordfriesischen Inseln sind sie kein Rest eines von Sturmfluten auseinandergerissenen Festlands, sondern relativ junge Landbildungen. Der Blick aus der Möwenperspektive offenbart bei allen einen ähnlichen Aufbau: Im Norden, zum offenen Meer hin, und im Osten erstrecken sich breite weiße Sandstrände. Den Süden säumt ein grünes Band fruchtbaren, dem Meer abgewonnenen Weidelands. Im Sommer grasen dort Kühe und Pferde, baden kann man hier nicht, zur Zugzeit aber Schwärme von Vögeln beobachten. Die Inselorte sind überschaubar: ein paar nette kleine Läden, Cafés und Restaurants.

Welche der Inseln sollte man wählen? Egal, schön sind sie alle, jede auf ihre Art und nahezu alle autofrei: Auf Baltrum und Spiekeroog ist man ausschließlich zu Fuß unterwegs. Das einzige öffentliche Verkehrsmittel auf Spiekeroog ist die Pferdebahn. Auf Juist holen Pferdekutschen sogar den Müll ab. Auf Langeoog bringt die bunte Inselbahn die ankommenden Gäste vom Hafen ins Dorf. Richten Sie sich nach dem Wetter und dem Angebot der Reederei. In der Saison fahren die Fahrgastschiffe »Frisia X« und »Frisia XI« regelmäßig nach Juist, Baltrum, Langeoog und Spiekeroog. Eine Reservierung ist nicht nötig, es ist immer genug Platz. Schon die Überfahrt ist wie eine kleine Kreuzfahrt.

TIPPS FÜR DEN BESUCH DER INSELN

Der aktuelle **Fahrplan** für Schiffsausflüge liegt vielerorts aus, Infos unter T 04932 913 13 13, www.inseltouristik.de.
Abfahrt ab Norderney Hafen: Anlegestelle Brücke 2, Fahrkarten gibt es im Hafenterminal; auch im Reisebüro Norderney, Adolfsreihe 6.
Preise für die Ausflugsfahrten liegen zwischen 23 und 30 €; Hunde generell 6 €.
Der Eintritt in die Nationalpark-Häuser ist frei.

Ein Tipp für Baltrum-Ausflügler: Die Fähre passiert die Seehundbank an der Ostspitze Norderneys. Die Tiere sind an die dicht vorbeigleitenden Schiffe gewöhnt – sie bleiben gelassen liegen und bieten eine schöne Gelegenheit zum Fotografieren.

Kinder des Windes – Inseln zwischen Land und Meer

Urwüchsige Dünenlandschaften und endlose weiße Sandstrände. Als Erstes zieht es die meisten Inselurlauber ans Meer – Wellen und Wind spüren, den Möwen lauschen. Wie weit der Weg zum Strand ist, hängt von der jeweiligen Inselnatur ab. Auf Spiekeroog und Langeoog sind Ort und Strand durch einen breiten Dünengürtel voneinander getrennt, auf Baltrum und Juist stehen die Häuser bis an die Uferpromenade heran.

Das Zauberland

Juist 🗺 Karte 3, B/C 1–2

»Juist dat is dat Töwerland« heißt es in einem alten Seemannslied. Die Insel ist zauberhaft, auch wenn der Name vermutlich einen ganz anderen Ursprung hat – den Inselannalen zufolge wurden in alter Zeit drei Juister Frauen der Hexerei angeklagt *(töverske* = Zauberin). Die Insel ist mit einer Länge von 17 km die längste der ostfriesischen Inseln. Die maximale Breite beträgt 900 m, die minimale nur 500 m. Hier liegt das Hauptdorf – kaum zwei Spazierminuten vom Schiffsanleger entfernt. Unmittelbar hinter dem wattseitigen Deich informiert das **Nationalpark-Haus** über die Lebensräume Nordsee und Wattenmeer.

Als Tagesgast möchte man, vor allem bei schönem Wetter, vermutlich erst einmal die Insel erkunden. Der Ort selbst ist keine außergewöhnliche Schönheit, aber doch freundlich: Die Backsteinbauten sind meist zwei, höchstens mal vier Stockwerke hoch, Läden und Cafés laden zum Bummeln und Verweilen ein, ein Spielteich, Kutschengetrappel. Am Janusplatz, etwas außerhalb des Zentrums, liegt das **Lütje Teehuus** (www.juist-gastronomie. de), eine gemütliche Teestube in einem Insulanerhaus aus der 1. Hälfte des 19. Jh. Der Ort ist schnell durchquert. Vom Fähranleger bummelt man in 15 Min. zum offenen Meer. Am Übergang zum Strand liegt das 1897/98 entstandene

Alte Kurhaus. Der imponierende Bau, der 1912 als Quartier für den König von Sachsen samt Gefolge diente, beherbergt heute ein exklusives Strandhotel. Das beliebteste Ausflugsziel, die **Domäne Bill,** liegt im Inselwesten. Vom Fähranleger folgt man der wattseitigen Uferstraße – man kann sich zu Fuß aufmachen, ein Fahrrad mieten oder die Kutsche nehmen (etwa 8 km). Vorbei geht es am stillen **Ortsteil Loog** (plattdeutsch: ›Dorf‹) mit Küstenmuseum und Jugendherberge. Inmitten einer wildromantischen Dünenlandschaft jenseits des Dorfes erstreckt sich der knapp 1 km lange, schilfreiche **Hammersee.** Der größte Süßwassersee der Ostfriesischen Inseln ist nur zu Fuß zu erreichen (das Fahrrad bleibt am Abzweig stehen). Die Kutschstraße endet an der **Domäne Bill** – berühmt für frisch gebackenen Rosinenstuten.

Infos: www.juist.de, www.kuestenmuseum-juist.de, www.nationalparkhaus-wattenmeer.de

Das Dornröschen

Baltrum 🗺 Karte 3, D/E 1

Baltrum ist die kleinste der bewohnten Ostfriesischen Inseln – 5,5 km lang, an der breitesten Stelle knapp 2 km breit –, und hat 600 Einwohner. Die Straßen der zwei ineinanderübergehenden Siedlungen, das größere **Westdorf** und das kleinere **Ostdorf,** haben keine Namen, die Häuser sind chronologisch nummeriert: Die ältesten Inselhäuser

Kinder des Windes – Inseln zwischen Land und Meer

tragen niedrige Zahlen, über ihre Lage sagt die Hausnummer für (Tages-)Gäste nichts aus, der Ort ist aber so klein, dass sich alles finden lässt.

Auf dem kurzen Weg vom Fähranleger ins Dorf spaziert man am **Nationalpark-Haus** (Mo Ruhetag) vorbei. Es liegt auf einer kleinen Anhöhe noch außerhalb der sicheren Deichlinie, die das Dorf schützt. Die größte Sehenswürdigkeit Baltrums ist die winzige **alte Kirche** (Westdorf Nr. 8) von 1826. Wer sich für die Inselgeschichte interessiert, sollte im Museum im **Alten Zollhaus** vorbeischauen (Westdorf Nr. 18, Öffnungszeiten s. Aushang).

Für wanderfreudige Tagesgäste (es gibt keinen Radverleih) lohnt eine Tour in den Inselosten über das Ostdorf. Zauberhaft ist das **Café Kluntje** in einem denkmalgeschützten alten Inselhaus (Ostdorf Nr. 29, Mi Ruhetag). Östlich des Ostdorfes erstreckt sich das zwischen dem weißen Dünengürtel im Norden und den grauen Dünen in der Inselmitte eingebettete vogelreiche **Große Dünental,** das bereits seit 1950 unter Naturschutz steht. Unterwegs trifft man auf Infotafeln und interaktive Stationen des **Gezeitenpfads,** ein insgesamt 7 km langer Lehrpfad. Startpunkt ist beim Hafen, es geht durch Salzwiesen, an den Strand und in die Dünen, einsteigen kann man an jedem beliebigen Punkt (Infobroschüre zum Gezeitenpfad im Nationalpark-Haus). Wem noch ein wenig Zeit bis zur Abfahrt des Schiffes bleibt, der sollte der befestigten Promenade um den **Westkopf** der Insel folgen. Sie bietet beste Aussichten hinüber auf das sandige Ostende von Norderney mit Wrack und Seehundbank.
Infos: www.baltrum.de

Jede Menge Natur

Langeoog 🗺 Karte 3, E 1
Auf Langeoog angekommen, geht es mit der bunten, nostalgischen Inselbahn durch weite grüne Weiden ins Inseldorf. Vom Bahnhof schlendern die Gäste gern die breite Hauptstraße hinauf, vorbei am Rathaus und auf direktem Wege zum charakteristischen **Wasserturm** am Rande des Dünengürtels. Der Blick von der verglasten Aussichtsplattform in 23 m Höhe (Mo–Fr 10–12 Uhr) reicht bei klarem Wetter bis Norderney und Baltrum. Vom Wasserturm folgt man dem gepflasterten Pfad durch die Kapdünen auf die Höhenpromenade und an den **Hauptstrand.** Die Höhenpromenade

Am kleinen Kiosk auf dem Zeltplatz auf Spiekeroog geht es ›sutsche‹ (›sutje‹,
▶ *S. 114) zu. Es bleibt Zeit für einen Schnack und ein kühles Bier. Eilig hat es hier niemand.*

ist ein wahres Highlight: Sie schlängelt sich in 15–20 m Höhe auf einer Länge von 1,5 km über die zur offenen See hin gelegenen Dünenkette. Ein traumhafter Strand verlockt dazu, den ganzen Tag am dort zu verbringen.

Lohnenswert ist aber auch ein Ausflug in den Osten der Insel, am besten per Rad (mehrere Verleiher im Dorf). Auf dem Weg nach Osten passiert die (Kutsch-)Straße den **Großen Schloop**. Hinter dem vogelreichen Gewässer reckt sich die **Melkhörndüne** auf eine stolze Höhe von knapp 20 m. Von oben bietet sich ein fantastischer Panoramablick in die Dünenlandschaft. Informationen über die Langeooger Vogelwelt mit großen Möwenkolonien bietet die Ausstellung im **Vogelwärterhaus** noch ein Stück weiter im Osten. Endpunkt für die meisten Tagesgäste ist das **Ausflugslokal Meierei**, hier kann man sich vor der Rückkehr zum Schiffsanleger stärken (Di Ruhetag, keine Kartenzahlung).

Infos: www.langeoog.de

Die Dorfschönheit

Spiekeroog 🗺 Karte 3, F 1

In ein paar Minuten läuft man vom Hafen ins bildhübsche Dorf. Mächtige Linden und Kastanien breiten ihr Laubwerk schützend über die alten Inselhäuser. Am Noorderloog, der Flaniermeile Spiekeroogs, reihen sich Cafés, Geschenkläden, Eisdielen, Bäckereien und efeuberankte Hotels mit behaglichen Lokalen aneinander. Im Süderloog, etwas abseits vom Touristentrubel, steht die 1696 errichtete alte **Inselkirche** im Schatten hoher Bäume, sie ist das älteste erhaltene Gotteshaus auf den Ostfriesischen Inseln. Das Dorf ist durch einen breiten, urwüchsigen Dünengürtel vom Strand getrennt. Viele Tagesgäste haben Badesachen dabei, um ein paar Stunden am Strand zu verbringen. Wanderfreudige Ausflügler – einen Fahrradverleih gibt es nicht – müssen sich entscheiden, ob sie den Westen oder Osten der Insel erkunden möchten. Ich würde den Westen vorziehen.

Wenn es zeitlich passt, kann man das einzig öffentliche Verkehrsmittel nutzen: Deutschlands letzte **Pferdebahn** zuckelt auf einer 1,5 km langen Strecke vom Dorf zum Dünenrand im Westen (in der Saison tgl. 13, 14, 15,16 Uhr, die Rückfahrt jeweils etwa 30 Min. später).

Am Westend lädt die Café-Kneipe **Old Laramie** mit windgeschützter Sonnenterrasse zur Einkehr (Di–So nachmittags). Der großartige, charmant heruntergekommene ›Saloon mit Pfiff‹ ist in einem Gebäude untergebracht, das 1899 als erstes Warmbad der Insel entstand.

Infos: www.spiekeroog.de

Hochsee!

Helgoland 🗺 Karte 3, nördlich H 1

Fast 60 m ragt Deutschlands einzige Hochseeinsel aus dem Meer empor. Knapp 1300 Menschen wohnen hier, bis zu 400 000 (Tages-)Gäste besuchen die Insel pro Jahr. Wer hier nur zum zollfreien Shoppen hinfährt, kann das tun, aber er verpasst ein einzigartiges Naturparadies. Der Katamaran Adler-Jet legt im Binnenhafen an (kein Ausbooten). Schöne Fotomotive bieten die farbenfrohen Hummerbuden. Die früher als Arbeitsschuppen von den Hummerfischern genutzten Holzbuden beherbergen heute überwiegend Galerien und Restaurants. Am Restaurant Bunte Kuh zweigt der Weg ins Oberland ab. Der (insgesamt 3,5 km lange) Klippenrundweg führt zum Naturschutzgebiet Lummenfelsen und Helgolands berühmtem Wahrzeichen, der Langen Anna. Hier nisten Seevögel wie die Trottellumme und der Basstölpel. Während des Vogelzugs im Frühling und Herbst nutzen Scharen von Zugvögeln die Insel als Rastplatz. Über die Natur und auch die bewegte Geschichte Helgolands informieren Tafeln vor Ort. (Tipp: Kostenlose Broschüren über Geschichte, Kultur und Natur der Insel erhält man in der Touristeninformation im Hotel Atoll im Unterland.) Im Unterland dominieren Geschäfte und Restaurants, – Zeit zum Shoppen und Speisen bis zur Abfahrt des Katamarans.

Fahrten ab Norderney, Anleger 2, in der Saison Mi–Sa 10.10 Uhr, ab 69 €. Fahrtzeit jeweils 2 Std, Inselaufenthalt 4 Std.

Pause. Einfach mal abschalten

Norderney ist in der Hochsaison überlaufen, keine Frage, aber es gibt viele zauberhafte stille Winkel und Möglichkeiten, eine Auszeit vom Trubel zu nehmen. Oftmals liegt es auch an einem selbst, einen Gang runterzuschalten. Das beginnt schon bei der Anreise. Mit dem Auto nach Norderney, das ist oft ein Rennen gegen die Zeit. Auch wenn man's eigentlich besser wissen müsste. Baustelle, Stau? Ein Blick auf die Uhr. Erwischt man das anvisierte Schiff? Doch wozu der Stress? Nimmt man eben die nächste Fähre.

The best things in life are free
Barfuß am Strand

Egal, was hinter Ihnen oder vor Ihnen liegt. Die Sorgen fallen von Ihnen ab, wenn Sie die Füße in die sanft heranrollenden Wellen tauchen, die Zehen im sonnenwarmen Sand vergraben – eine Schlendertour am Meer ist Erholung für Körper und Seele. Je weiter nach Osten man kommt, desto einsamer wird der Strand. Vielleicht finden Sie einen Bernstein, ein Stück vom Meer abgeschliffenes Glas oder ein von Sonne und Salz gebleichtes Stück Treibholz. Das sind die schönsten Souvenirs.

Schlicht berührend
Alter Friedhof (Karkhoff) 🗺 B 5

Ein stiller Winkel hinter der Evangelischen Kirche: ein kleines Stück Grün inmitten dichter Bebauung. Hier bestatteten die Norderneyer über 350 Jahre lang (bis 1875) ihre Toten. Unter den 35 erhaltenen Grabdenkmälern aus der Zeit von 1822 bis 1888, befindet sich das Grabkreuz für Hillrich Jacobs Rass (1872), »Führer der Jacht seiner Majestät des Königs«, sowie das Grabkreuz des Matrosen Giovanni Velcich (aus Istrien, heute Kroatien): An seiner Bestattung im Jahre 1864 nahmen – dem Inselchronisten zufolge – alle Norderneyer Männer teil. Sie erwiesen einem Unbekannten die Ehre, weil der Verstorbene ein Seemann war, wie die Norderneyer eben auch zur damaligen Zeit. Auch die **Inselkirche** selbst ist eine Oase: Raus aus dem Gewusel in der Fußgängerzone, rein in die Kirche, in die angenehm kühle Stille, ins Betrachten und Sinnieren. Vielleicht wird gerade an der Orgel geübt oder für ein Konzert geprobt. Beige- und Rottöne dominieren in der evangelischen Inselkirche.
Kirchstraße 3, www.norderney-kirchengemein de.de.

(ENT-)SPANNENDE KONZERTE

Trommelrhythmen, klingende Schalen, exotische Musikinstrumente, faszinierender Obertongesang und eine geheimnisvolle Atmosphäre – die beiden Musiktherapeuten Kirsten Kluin und Stephan Jung entführen mit ihren außergewöhnlichen, meditativen Konzerten in eine Welt der Klänge (in der Regel Mo ab 19.30 Uhr, in der Bibliothek im Conversationshaus, 12 €). Aber auch bei Klangmassagen, Trommelkursen (bei schönem Wetter sogar am Strand!), Wohlfühl-Seminaren und Oberton-Gesangworkshops können Sie sich von den beiden begeistern und verwöhnen lassen – Balsam für Körper, Geist und Seele.
Weitere Infos dazu unter: T 04932 548 30 72, www.synaptik.org, www.klangund seele.de

---

Ans Meer fahren und alle Tabs im Kopf schließen

Schöne Aussichten
Chillen am Kap 📖 E 3
Das 2017 neu aufgebaute Seezeichen erhebt sich weithin sichtbar auf einer Düne. Es ist frei zugänglich, eine Treppe führt hinauf, von oben schweift der Blick zur Nordsee. Richtung Süden kann man die Schiffe im Hafen ausmachen. In dem Dünenareal gegenüber dem Kap befindet sich ein weitläufiger **Spielplatz** – nicht superschick, aber wenn Sie Kinder haben: Schaufel und Eimer zum Buddeln nicht vergessen – und selbst abhängen.
Bürgermeister-Willi-Lührs-Straße

Am Badestrand
Schmökern im Strandkorb
Urlaub am Meer, das bedeutet, es sich – geschützt vom Wind – mit einem Buch im Strandkorb gemütlich zu machen. Die perfekte Ferienlektüre findet man vor Ort – in der Inselbuchhandlung (► S. 101) und in der Bibliothek im Conversationshaus (► S. 30). Einen Strandkorb kann man übrigens online vorbestellen – am Lieblingsbadestrand (www.norderney.de).

Eine ruhige Kugel schieben
Boule im Kurgarten 📖 C 5
An heißen Tagen, wenn fast alle am Strand sind, ist es bei den Spielfeldern hinter dem Conversationshaus wunderbar schattig und menschenleer. Die Boule-Kugeln bringt man mit oder leiht sie in der Gastronomie des Conversationshauses, im kurPalais, aus. Die Strandkörbe sind nur hier gratis.

Balancieren am Meer
Slacklinen
Es ist gar nicht so einfach, ein entspannter Seiltänzer zu werden. Das Balancieren auf einem schmalen, zwischen zwei Fixpunkten befestigten Band kann man an allen Stränden auf Norderney ausprobieren. Am besten man startet barfuß (es geht aber auch mit Schuhen), beginnt mit einem Bein auf dem Band, um mit dem anderen Bein auszubalancieren und hält die Arme über Schulterhöhe. Ruhe bewahren, nicht zu viel grübeln, Augen nach vorne, losgehen – Tipp für Anfänger: mit menschlicher Stütze ist es machbar.

Im Park
Der Gondelteich 📖 D/E 5/6
Der Kurpark strahlt Ruhe aus. Bei schönem Wetter kann man sich auf einer der Bänke niederlassen. Plätschernde Springbrunnen, majestätische Schwäne. Ein Spaziergang führt um den Gondelteich. Hier ist ein (Senioren)-Aktiv-Weg eingerichtet – mit einigen Fitnessgeräten, Sinnespfad und Sonnenuhr – auf die Datumslinie steigen und Arm hochstrecken – angenehm unanstrengend.

Lärm, lass nach!
Im Herbst und Frühling ist Clubzeit, dann fallen donnerstags die Skat-, Kegel-, Bowling- und Tennisklubs ein. Wer nachts in Ruhe schlafen möchte, sollte zu dieser Zeit das ›Bermuda-dreieck‹ der Kneipen zwischen dem Inselhotel König am Kurplatz, dem Columbus in der Mittel-straße, der Fischerkate in der Bülowallee und dem Klabautermann in der Poststraße meiden. Drinnen und draußen ist dann richtig was los. Lieber woanders Quartier beziehen. Aber nicht egal wo: Von Herbst bis Frühling ist **Bausaison** auf der Insel, in diesem Zeitraum kann es zu Lärmbelästigungen kom-men. Der **Bauatlas** des Norderney Zimmerservice informiert über aktuelle Bautätigkeiten während der Wintersaison (www. norderney-zs.de/unser-service/bauatlas.html).

Schöner wohnen mit Meerblick

Auf Norderney gibt es Unterkünfte, von denen man nur träumen kann – im wahrsten Sinne des Wortes. Geschmackvolle Einrichtung, edle Naturmaterialien und der Blick zum Meer haben ihren Preis, der (im Sommer) für Normalvermögende hart an der Grenze oder jenseits davon liegt. Träumen Sie weiter, für das Hier und Jetzt gibt es Alternativen, die zu Ihrem Budget passen, auch mit Meerblick.

Die Insel lebt vom Tourismus, entsprechend groß ist das Angebot an Übernachtungsmöglichkeiten. Sie haben die Wahl zwischen Penthouse im De-signhotel, Suiten im luxuriösen Wellnesstempel, familienfreundlichen Ferienwohnungen, Pensio-nen mit Kapitänsflair, Privatzimmern mit Dusche im Gang. Zwei Jugendherbergen (www.jugend herberge.de) und fünf Campingplätze runden das Angebot ab. Das Preisniveau ist insgesamt relativ hoch. In der Nebensaison sinken die Preise.

Das Gastgeberverzeichnis bekommt man bei der Norderney Staatsbad GmbH oder lädt es aus dem Internet herunter (www.norderney.de). Interessenten können die kostenlose Zimmerver-mittlung nutzen, die individuelle Buchungswün-sche wie Seeblick, Balkon, Schwimmbad usw. berücksichtigt und nur die, für den gewünschten Zeitraum verfügbaren Unterkünfte vorschlägt. Je früher man sich kümmert, desto größer (und schö-ner) die Auswahl. In der Hauptsaison, zumal bei schönem Wetter, ist die Insel ausgebucht.

Mittendrin und doch schön ruhig – die Seilerstraße

Ganz für sich!
Kapitänshaus 1935 ⌂ C 4
Das unter Denkmalschutz stehende,
2015 rundum erneuerte Ferienhaus
bietet Platz für bis zu sechs Personen.
Es gibt einen großzügigen Wohnbereich
mit Küche für gemeinsames Kochen und
Essen, im Dachgeschoss drei Schlafzimmer. Veranda und Innenhof.
Seilerstr. 1b, Vermietung u. a. über www.norderney-zs.de), 370 €/Nacht

Ohne Chichi
Caritas Inseloase ⌂ D 5
Das erste Hospital der Insel liegt ruhig
und doch zentral. Hinter der nostalgischen
Fassade verbirgt sich kein First-Class-Hotel, aber ein gastfreundliches, barrierefreies Haus, in dem Einzelreisende und
Familien ebenso willkommen sind wie
Gäste mit Behinderung. Es gibt mehrere
Aufenthaltsräume, u. a. einen schönen
Wintergarten mit Blick in den Park, Familienprogramm und Kinderbetreuung.
Marienstr. 18, T 04932 93 41 10, www.caritas-gesundheitszentrum.de, DZ ab 124–148 €,
mit Halbpension plus 15 €, Vollpension 21 €

Zum Wohlfühlen
Haus Christine ⌂ B 4
Von A wie Auster über N wie Nordlicht
bis S wie Strandkorb? Derlei Namen
tragen die zehn 1- bis 3-Raum-Wohnungen (für 2–5 Pers.) in diesem
gepflegten, komfortablen Haus. Sie
bieten Balkon oder Terrasse, die Küchen
sind bestens ausgestattet.
Karlstr. 1, T 04932 92 78 30, www.christine-norderney.de, FeWo 95–180 €

Stilikone in Traumlage
Else ⌂ D 3
Es ist eines der Häuser, an denen man
vorbeigeht und sich fragt, wer hier wohl
wohnt. Unmittelbar gefolgt von dem
Wunsch – hier würde ich auch gern mal
mit der Familie oder Freunden Urlaub
machen. Das ist nach der umfassenden
den Sanierung (2021/22) möglich. Das in
den 1950er-Jahren am Januskopf erbaute
trapezförmige Haus wirkt nicht groß,
hat aber vier Schlafzimmer. Fitnessraum,
Spielzimmer, Fahrräder der benachbarten

Ferienanlage »Inselhouse« dürfen kostenlos mitgenutzt werden.
Knyphausenstr. 14, T 04932 939 10, https://else-norderney.de, 640 € pro Tag.

Sympathisches B&B
Gästehaus Georg Rass ⌂ C 4
Im denkmalgeschützten Haus aus dem
Jahr 1880 mischt sich Altes mit Neuem:
Die Dielen knarren, zum Frühstück gibt
es selbst gemachte Marmelade und frisch
gebackenes Brot, zum Strand sind es nur
ein paar Minuten. WLAN in allen der zehn
individuell eingerichteten Zimmer, Fahrradverleih auf Wunsch (auch E-Bikes).
Herrenpfad 15, T 04932 23 29, www.georgrass.de, DZ 95–185 €

Das letzte Haus am Strand
Cornelius am Nordstrand ⌂ E 2
Die Lage der sechs Wohnungen (2–4
Pers.) könnte nicht besser sein, die
Wohnungen im Untergeschoss sind
allerdings sehr hellhörig. Ein Traum ist die
Dachgeschosswohnung mit einem großen
offenen Wohnraum (für 2–4 Pers.) mit
Schlafbereich, Küchenzeile und direktem
Meerblick.

… Norderney: Vor gut 150 Jahren
boten die Fischerhäuser nicht mehr
genug Platz und Komfort für die
Urlauber. Es entstanden größere
Gästehäuser mit einer zur Straße hin
offenen Veranda, Kapitänshäuser
erhielten eine Loggia. Während die
Vermieter (in der Saison) im Hinterhaus wohnten, war das lichtdurchflutete Vorderhaus den Gästen vorbehalten. Wer abseits der belebten
Flanier- und Shoppingmeilen durch
die Straßen bummelt, entdeckt noch
viele dieser inseltypischen Gäste- und Kapitänshäuser, beispielsweise
in der charmanten **Seilerstraße** (🗺
C 4) oder im strandnahen **Damenpfad** (🗺 B 4/5).

Schönwetterperspektive. Der Seesteg am Meer. Sonnenschirme werden aufge-spannt. Die Gäste können kommen.

Am Nordstrand 3, zu buchen über T 04932 840 22 23, www.ferienwohnungen-bruno.de, 189–308 €

Familiär mit Herz
Haus Menno Janssen 🏠 B 4
Ruhige, strand- und stadtnahe Früh-stückspension mit fünf Doppelzimmern und einem Zweiraumapartment mit hübscher, friesisch-maritimer Einrich-tung. Am besten ein Zimmer im oberen Stockwerk und nach vorne raus wählen. Die Inhaber/Betreiber wohnen ebenfalls im Haus. Mindestaufenthalt sieben Nächte.
Tollestr. 6, T 04932 840 22 23, www.tolle-pen sion-norderney.de, DZ mit Frühstück, FeWo ohne Frühstück ab 100 €

Da sein und Genießen
Villa Vie 🏠 C 3
In diesem ruhigen Abschnitt der Knyp-hausenstraße liegen noch einige schöne alte Villen mit Loggien, zum Zentrum sind es 250 m, zum Meer 150 m. Kom-fortable, edel eingerichtete Ferienwoh-nungen mit Balkon oder kleiner Terrasse, viele Naturtöne. Penthouse-Wohnung mit großem Südbalkon, die Wohnung im Erdgeschoss hat eine Sauna.

Knyphausenstr. 24, Info: T 04471 829 89, www. villavie, FeWo 190–350 €

Mit Eimer und Schaufel zum Strand
Meeresburg 🏠 B 5
Die Lage ist ideal für Familien mit Kindern. Das Apartmenthaus ist nur eine Liegewiese von der Promenade des Westbads entfernt. Es bietet 22 Ferienwohnungen für 2–6 Perso-nen – die meisten mit Seeblick. Der Wellnessbereich mit Pool und Sauna des benachbarten Hotels steht den Gästen zur Verfügung.
Victoriastr. 14, (Zugang über Damenpfad), T 04932 80 90, www.creutzenberg-norderney. de, FeWo 114–255 €

Erste Reihe seit 1894
Haus am Weststrand 🏠 B 6
Laut Hausprospekt sind es genau 25 m bis zum Meer – von den Erkerzimmern hat man es besonders schön im Blick. Ansonsten bieten das große und kleine Gästehaus insgesamt 52 einfache 1- bis 3-Bett-Zimmer, die hell und freundlich daherkommen. Vornehmlich steigen hier Gruppen und Familien wochenweise und mit Vollpension ab, aber auch Einzelreisende sind willkommen.

Weststrand 1, Buchung T 04932 521 99 60, www.haus-am-weststrand.de, DZ mit Vollpension 140–170 €

Es regnet? Super!
Apartments im bade:haus 🏠 B 5
Im bade:haus kann man wohnen! Übernachtungsgäste haben Zutritt zu allen Ebenen des bade:hauses (auch für Hausgäste erst ab 9.30 Uhr geöffnet). Die Apartments sind für maximal zwei Personen, Frühstück im benachbarten Café Extrablatt (hier gibt es WLAN).
Buchungsanfragen T 04932 89 13 00, www.norderney.de/badehaus/appartements, 200–230 €/ Nacht bei einem einwöchigen Aufenthalt

Man gönnt sich ja sonst nichts
Strandhotel Georgshöhe 🏠 C 3
Ein ganzjährig gut gebuchtes Spa- und Resorthotel – nicht nur die Lage an der Strandpromenade ist erstklassig, auch die Restaurants tischen neben dem Meerblick Exquisites auf. Großzügig – der 4000 m² große Spa- und Wellnessbereich mit zwei Meerwasseraußenpools und -hallenbad.
Kaiserstr. 24, T 04932 89 80, www.georgshoehe.de, DZ/auch Familienzimmer ab 265 €, Suiten 315–406 €

Der neue Stil der Insel
Inselloft 🏠 A/B 4
Die aufwendig restaurierte Häuserzeile bietet mit bildhübscher offener Veranda einen stilvollen Rahmen für 34 Zimmer und Apartments in drei Kategorien: Studio, Loft und Penthouse. Nicht alle haben einen schönen Blick, aber alles ist edel und individuell eingerichtet. Ein Traum sind die Penthouses (für 2–4 Pers.) mit Seeblick und 12 bis 17 m² Balkon.
Damenpfad 37-40, T 04932 89 38 00, www. inselloft-norderney.de, ab 220–460 €

He!
Villa Westend 🏠 B 4
Frischer Wind in einem traditionsreichen Haus. Die Frühstückspension präsentiert sich in einem individuellen Mix aus alten und neuen Möbeln. Zimmer und Studios mit, Apartments ohne Frühstück, das Meer ist ganz nah und die Gäste willkommen.

Friedrichstr. 40, T 04932 939 90, www.villawestend-norderney.de, DZ, Studio, Apartment ab 105–166 €

Kultivierter Rückzugsort
Hotel Haus Norderney 🏠 C 5
Im Wintergarten frühstücken, mit dem Rad über die Insel, dann einen Nachmittagstee, ehe es in die Sauna geht? Ist im Hotel in der denkmalgeschützten Villa von 1927 alles im Übernachtungspreis enthalten. Die Maisonettewohnungen gehen über zwei Etagen, eine stilvolle Mischung aus Alt und Neu.
Janusstr. 6, T 04932 22 88, www.hotel-haus-norderney.de, DZ 179–285 €

Wasser bis zum Horizont
Hotel Seesteg 🏠 A 4
Ein edles Ambiente mit viel Flair. Studio, Loft, Penthouse wirken dank der Fensterfronten größer als sie sind, schöne Innenausstattung mit natürlichen Materialien. Ein Traum ist der Swimmingpool auf der Dachterrasse mit Blick über Marienhöhe, Milchbar und das Meer, michelinbesterntes Restaurant im Haus. Preismäßig auch im Winter kein Schnäppchen, trotzdem immer ausgebucht.
Damenpfad 36a, T 04932 89 36 00, www.seesteg-norderney.de, Studio ab 350 €, Penthouse/ Loft ab 450 €

FARBENFROH!

Der ›neue Stil der Insel‹ ist klasse keine Frage – aber es war doch mal wieder Zeit für etwas Neues: Das 2019 eröffnete **New Wave Hotel** (🗺 B 5) ist ein Knaller: junges Flair, bemerkenswerte Farbakzente und Gestaltung der Zimmer mit Loggia, Balkon oder Terrasse; in der **Rooftop-Bar** chillen, außergewöhnlich gut speisen im Restaurant **Octopussy** – und das alles nur ein paar Meter vom Strand entfernt.
Luisenstr. 13–16, T 04932 934200, www.new-wave.de, DZ 180–240 €. Das Zusammenlegen von zwei DZ (4 Pers.) ist kein Problem, preislich für eine Familie mit kleinen Kindern aber nicht sehr attraktiv..

Fisch – fangfrisch vom Kutter?

Wunderbar ist es, wenn beim abendlichen Bummel auf der Promenade ein möwenumschwärmter Fischkutter in Sicht- und Hörweite vorbeituckert – im Norderney-Urlaub gehört das dazu, ebenso wie ein Fischbrötchen zwischendurch. Auf den Speisekarten der meisten Restaurants dominiert Fisch. Manchmal kommt der frisch von einem niedersächsischen Kutter, doch keineswegs immer, nicht einmal meistens.

Auf Norderney gibt es keine Berufsfischer mehr, kein Krabbenkutter ist hier beheimatet, auch wenn sich die Insulaner nach wie vor dem Meer verbunden fühlen. Der größte Teil des angebotenen Fisches stammt aus ferneren Regionen des Nordatlantiks und gelangt per Lkw auf die Insel. Das tut dem Geschmack keinen Abbruch, wenn er delikat zubereitet wird. Fragen Sie die Einheimischen, wo es guten Fisch gibt, wo sie essen gehen und feiern. Das Ambiente einiger empfohlenen Lokale mag etwas altmodisch anmuten, aber die Küche ist bodenständig, das Preis-Leistungs-Verhältnis stimmig. Das sind ganz andere Orte, als die coolen lässigen Szenelokale an der Promenade, die bei den Urlaubern beliebt sind. Was ich empfehle? Sowohl als auch, das ist Norderney.

ZUM SELBST ENTDECKEN

Da haben Sie den Salat! So urban und innovativ Norderney vielerorts ist, verwundert es, dass es (noch) keine vegetarischen/veganen Lokale gibt. In vielen Restaurants stehen ein, zwei oder auch drei **vegetarische** Gerichte auf der Speisekarte. **Vegan** aber ist ein anderes Thema: Nicht einmal Kaffee mit Sojamilch ist überall zu bekommen, dabei gibt es Sojamilch in allen Supermärkten (Tipp: Rossmann im alten Postgebäude ist eine gute Adresse für vegane Produkte, Poststr. 1). Aber keine Sorge, auch Veganer fallen auf Norderney nicht vom Fleisch: Mit einer Mischung aus Essen gehen (Adressen »Wo Essen auf Nachhaltig trifft« ▶ S. 93) und leckerem Frühstück in der Ferienwohnung sowie ab und an selbst kochen kommt man gut zurecht.

Lecker-Merksatz an der Küste: Ein richtig gutes Fischbrötchen liegt nicht in der Auslage, sondern wird erst auf Bestellung zubereitet.

SO BEGINNT EIN GUTER TAG AUF NORDERNEY

Klasse Cappuccino!
Café Mumpitz 🔵 C 4

Ein gemütliches Café mit sehr freundlichem Service in der Fußgängerzone. Frühstück – von süß bis deftig – gibt's hier den ganzen Tag über, im Sommer wird auch draußen aufgetischt. In der Fußgängerzone gibt es immer was zu gucken. Der Kaffee ist großartig, Espresso, Cappuccino oder Latte macchiato werden auf Wunsch auch laktosefrei serviert. Kostenloses WLAN.
Jann-Berghaus-Str. 20, Fr–Mi 9–18 Uhr

Sooo lecker!
Kaffeegenießerei 🔵 B/C 4

Es ist ausgesprochen angenehm, hier eine kleine Auszeit zu nehmen, etwas abseits der trubeligen Fußgängerzone, herzlich und persönlich umsorgt vom Service. Frühstück wird bis 12 Uhr serviert. Neben allerlei Kaffeespezialitäten, Kakao – auch mit Sojamilch – und verschiedenen Tees gibt es hier hausgemachten köstlichen ›LieblingsKuchen‹. Gerne schauen auch Einheimische auf einen Kaffee vorbei.
Bismarckstr. 5, T 04932 93 66 33, www.kaffee geniesserei.de, Di–Sa 9–17 Uhr

Natürlich gut
Café Friedrich 🔵 B 4

In der in edel-schlicht, in Naturtönen eingerichteten Brasserie kann man zu allen Tageszeiten vorbeischauen – vom Frühstück bis zum Mitternachtssnack. Ersteres gibt's hier von 9–12 Uhr, süß und einfach mit einem Croissant und hausgemachter Erdbeermarmelade, ostfriesisch mit Rührei und Krabben oder englisch mit Beans und Bacon. Tagsüber dann: Kuchen und eine umfangreiche Speisekarte – Tagliatelle mit Scampi, ›Surf&Turf‹-Burger, Nordseescholle, Wiener Schnitzel, vegetarisches Steak – alles frisch zubereitet und appetitlich angerichtet.
Friedrichstr. 18, T 04932 86 89 80, www.fried rich-norderney.de, 9–23 Uhr, HG ab16 €

WO ESSEN AUF NACHHALTIGKEIT TRIFFT

Meeresküche
Taucher 🔵 C 5

Zentral und doch ruhig sitzt man in der Bäckerstraße, sehr nett vor allem auf der kleinen Außenterrasse mit wunderbar freiem Blick über den Platz, auf dem einst das Haus der Insel stand. Der Schwerpunkt der Küche liegt auf Fisch, aber es ist auch möglich ein Essen ohne Fisch zusammenzustellen. Das Essen ist delikat, frisch und kreativ angerichtet, das Personal aufmerksam. Ein echter Tipp!
Bäckerstr. 4, T 04932 768 96 48, Do–Di 16–21.30 Uhr, ab 16 €.

Nachhaltig lecker
Fischgenießerei 🔵 C 3

Ein Laugenbrötchen mit Lachs, dazu ein Glas Wein oder Champagner – am Onnen Visser Platz auf dem Weg zum Nordstrand, das Leben kann himmlisch sein. Aus der alten unscheinbaren Strandhütte wurde ein schicker Laden. Nachhaltigkeit ist hier nicht nur ein Lippenbekenntnis: Geschirr aus Palmblättern, Besteck aus Holz, Getränke mit Ploppverschluss, Fisch aus nachhaltigem Fang, viele regionale Bio-Produkte. Trotz Selbstbedienung und Stehtischen kommt man hier leicht und gerne ins Gespräch mit anderen Gästen und mit den Betreibern, denen anzumerken ist, dass sie ihren Laden lieben.
Knyphausenstr. 9, T 04932 93 66 55

Der Kunde ist König
Leib und Seele 🔵 B 5

Auch wenn nebenan in der Fischerkate die Party abgeht, kann man hier sehr gepflegt in aller Ruhe an fein gedeckten Tischen speisen. Die Küche ist gehoben und wie der freundliche Service im Genuss. Es stehen vegetarische und vegane Gerichte auf der Karte, auf besondere Wünsche der Gäste wird gerne eingegangen.
Bülowallee 8, T 04932 80 10, www.inselhotelkoenig.de, tgl. 12–21 Uhr, Flammkuchen, vegetarische/vegane Pasta, Fisch und Fleisch 13–31 €

Ostfriesische Spezialitäten
de Leckerbeck 🍺 B 4

›Leckerbeck‹ heißt Feinschmecker auf Platt. Hier kann man Gerichte probieren, die manch Binnenländer nur vom Hörensagen kennt: Dicke Bohnen, *Snirtjebraten* und *Labskaus*. Das Restaurant im Gebäude der ehemaligen jüdischen Synagoge ist auf individuelle Bedürfnisse eingestellt, auf Wunsch wird glutenfrei, laktosefrei, milcheiweißfrei und kaliumarm gekocht. Wer hier essen möchte, sollte vorbestellen und das Zeitfenster einhalten. De Leckerbeck gehört zu den von Einheimischen geschätzten Lokalitäten, beheizte Dachterrasse.

Schmiedestr. 6, T 04932 99 07 53, www.lecker beck-norderney.de, Kernzeit Di–So 17.30–21.30, Sa, So auch 11.30–14 Uhr, ab 12 €

Kleinigkeiten
Café Bittersüß 🍺 B 5

Frisch gemahlen und heiß aufgebrüht werden in dieser Kaffeerösterei mit schnuckeligem Café (neben der Waffelbäckerei) Kaffeespezialitäten und -klassiker. Hier bekommt man seinen Kaffee mit Sojamilch und auch heiße Schokolade vegan – sowie teilweise auch vegane Pralinen. Drinnen und draußen gibt es nur eine Handvoll Tische.

Strandstr. 7, T 04932 498 04 26, www.bitter suess-norderney.de, Mo–Fr 13–17 Uhr

....

INSTITUTIONEN UND SZENETREFFS
....

Norderneyer Highlight
Café Marienhöhe 🍺 A 4

Ein Norderney-Klassiker, schöner geht es nicht. Der Tag beginnt beim Frühstück mit Nordseepanorama (10–12 Uhr), tagsüber lässt man sich Kaffee und Kuchen oder einen kleinen Imbiss nach dem Strandspaziergang schmecken. Abends wird um Reservierung gebeten.

Damenpfad 42, T 04932 935 01 53, www. marienhoehe-norderney.de, Mi–So 10–22 Uhr, (in der Nebensaison reduziert) ab 17,80 €

Ristorante, Eiscafé
Gran Cafe Florian 🍺 B 4

Mit der Familie mitten in der Fußgängerzone und hungrig und nicht einig, was man will? Kuchen, Pasta, Pizza, Fisch und Fleisch – dann ab ins Gran Café Florian, denn hier gibt es alles inkl. Eistheke, in der sich das Eis zu stattlichen Bergen türmt.

Die Marienhöhe ist ein himmlischer Ort: Im Sommer Weitblick bei blauem Himmel, im Herbst und Winter angesichts tobender Stürme und Graupelschauer angenehme Urlaubslethargie im gemütlichen Sessel.

Poststr. 9, www.grancafe-florian.de, T 04932 10 51.

Hier gifft dat wat …
Giftbude 🅿 B 6
Die Lage am Weststrand ist grandios, die Einrichtung und der Service sind nicht ganz so frisch und freundlich wie die in den anderen Strandcafés, aber nirgendwo sitzt man so dicht am Wasser, mit Juist in Sichtweite, während die Fischkutter und Fähren ganz nah vorbeituckern. Die Speisen sind vielseitig, es gibt Pasta und Pizza (mit Liebe und Leidenschaft gebacken von einem Pizzaiuolo aus Neapel), einfachen Backfisch und paniertes Schnitzel, aber auch Lamm und edlen Fisch.
Am Weststrand 2, T 04932 99 13 72, www.gift bude.de, tgl. ab 10–22 Uhr, in der Nebensaison Mo Ruhetag, 11–33 €

Auf höchstem Niveau
Seesteg 🅿 A 4
Mit den ersten Michelinstern auf den Ostfriesischen Inseln und zwei Hauben im Gault Millau hat sich der Seesteg 2013 an die Spitze der Norderneyer Gastronomie gesetzt. Die Einrichtung mit viel Naturmaterialien ist angenehm schlicht und geschmackvoll, je nach Wetter sitzt man drinnen in der Kamin-Lounge oder draußen auf der Seeterrasse. Hier stimmt tatsächlich alles.
Damenpfad 36a, T 04932 89 36 00, www. seesteg-norderney.de, Küche von 12–22, Mittagskarte bis 13.30 Uhr, Abendkarte ab 18 Uhr, Drei-/Sechs-Gänge-Menüs: 69–110 €, ›vegetarisch 60–90 €

Nicht nur für Surfer
Surfcafé 🅿 D 3
Wie wär's mit einem Picknick am Meer? Der Picknickkorb des Surfcafés ist mit Leckereien für zwei Personen gefüllt (45 €). Wer morgens nicht aus den Federn kommt, kann hier bis 14 Uhr frühstücken. Das Kultcafé liegt an der Promenade am Übergang zum Surfstrand, der Service ist locker und freundlich, dementsprechend ist auch der Andrang. Es werden kleine

Das letzte Ausflugslokal vor Baltrum liegt nicht direkt am Strand, sondern im Schutz der Dünen am Durchgang zum (gemischten) FKK-Strand. Oase oder The Beach hießen sie früher, **Strandpieper** (🅿 Karte 2, D 1) heißt es jetzt. Die alte Oase wurde abgerissen. Im stilvollen flachen Neubau mit Räuchereifenster (Selbstbedienungsbereich), sind die Speisen erlesen, aber zum Bedauern vieler alter Oase-Stammgäste auch hochpreisig. Alles ist lecker, aber für eine (normale) Currywurst mit belgischen Pommes 15,50 € zu berappen, ist recht happig. Am Leuchtturm 12, T 01520 747 82 31, www.strandpieper-restaurant.de, Do–Di 11–22 Uhr, kleine und große Speisen, auch veganes 6–30 €. Abends unbedingt reservieren.

Snacks und appetitlich angerichtete Gerichte serviert, u. a. Folienkartoffel mit Norderneyer Seeluftschinken oder Norderneyer Galloway-Burger. Nebenan gibt es mit dem **Riffkieker** ein weiteres Restaurant – hier hat man abends etwas länger Sonne. Ein kleiner **Kiosk** dazwischen sorgt für leckere Pommes auf die Hand für den Strand.
Am Januskopf 9, T 04932 93 57 50, www.surf cafe-norderney.de, tgl. 9–22 Uhr oder länger, 14–22 €

Cucina italiana
Da Sergio 🅿 B 5
Küche und Atmosphäre: italienisch, stilvoll, modern. Ohne Reservierung bekommt man hier abends kaum einen Platz. Eine Wohltat für Eltern ist der kleine Spielraum für die Lütten. Pizza und Pasta (auch für Vegetarier), Wild, Lamm und saisonbedingte Fischspezialitäten 10–29 €.
Damenpfad 12, T 04932 700, Mi–Mo 11.30–14, 17–23 Uhr, in der Saison durchgehend geöffnet

Satt & glücklich

Ein Stück Italien im Norden
Osteria Amici 🍷 B 4
Ein Inselklassiker – in zweiter Generation sehr herzlich geführt – mit guter Wein- und reichhaltiger Speisekarte. Es gibt leckere Antipasti, Fisch und Fleisch, Pasta, allerdings keine Pizza. Der Service ist freundlich und locker, Reservierung ist nicht möglich.
Jann-Berghaus-Str. 4, T 04932 99 18 80, Do–Di ab 17.15 Uhr, im Sommer auch mittags, ab 12–29 €

Italienfans sind hier richtig
Al Dente 🍷 C 4/5
Freundlich serviert werden hier Antipasti, Salate, Pasta sowie Spezialitäten vom Fisch und Fleischgerichte und eine umfassende Auswahl an italienischen Weinen.
Osterstr. 6, T 04932 935 01 43, https:// al-dente-norderney.de, Di–So 17.30–22 Uhr, Platzreservierung online, entweder 17.30–19.40 oder 19.45–22 Uhr, ab 16 €

La dolce vita
Dinos Bistro 🍷 C 4
Ein charmantes, kleines Restaurant etwas abseits der belebten Fußgängerzone mit mediterranen Speisen und guten Weinen.
Knyphausenstr. 4, Küche von 12–14, 17–21.30 Uhr, Pasta, Fisch und Fleisch ab 17 €

Netter Grieche
Delphi 🍷 C 4
Die ruhige Lage (neben Dinos Bistro) ist angenehme ebenso die aufmerksame Service. Das Essen ist typisch griechisch: ein Ouzo zum Empfang, viel Fleisch, gut zubereitet. Das Preis-Leistungs-Verhältnis ist stimmig.
Knyphausenstr. 4, T 04932 814 45, Do–Di 12–14, 17–22 Uhr, 14–23 €

Weiterhin gutbürgerlich
Schmuggler 🍷 H 2
Rustikales, maritimes Ambiente, das viele Stammkunden – Urlauber wie Einheimische – zu schätzen wissen. Ende 2017 gab es einen Generationswechsel: Der für seine großartigen Cocktails bekannte Michael Kleimann (Landesmeister der Niedersächsischen Cocktail-Meisterschaften 2007) hat das Traditionslokal seines Vaters inkl. Koch übernommen.
Birkenweg 24 (in der Nordhelmsiedlung), T 04932 35 68, www.oldsmuggler-norderney. de, Do–Di 11.30-13.30, 17–21 Uhr

… laat di dat smecken
Das kleine Fischrestaurant 🍷 C 4
In freundlicher Atmosphäre kommt hier vor allem leckerer und ansprechender Fisch auf den Tisch. Fleisch hat die gediegen ausgerichtete Küche auch auf Lager. Wer abends einen Platz haben

---

GUTE AUSSICHTEN AM NORDSTRAND

Hinter dem Surfcafé geht's weiter … Das moderne, mit viel Holz ausgestattete und lichtdurchflutete Strand-Restaurant **Cornelius mediterran** (🍷 E 2) liegt am Nordstrand mit großer windgeschützter Sonnenterrasse. Auf der Speisekarte stehen mediterrane Gerichte – Pizza, Pasta, Fisch und Fleisch für 10–29 € und nachmittags gibt es Kaffee und Kuchen sowie Eiskreationen aus der hauseigenen Eismanufaktur.
Noch ein paar Schritte näher am Strand übernimmt **de Vries** (🍷 E 2) in der ex-Badehalle die Grundversorgung am Nordstrand (Sanitäranlagen, Duschen, Strandkorbvermietung). Im **Bistro** in der unteren Etage holt man sich Fischbrötchen oder einen Ostfriesischen Rindfleischburger und nimmt an langen Holztischen und Bänken Platz, oben in der Austernbar stehen feinere Speisen auf der Karte (ab 16 €). Man macht es sich im Sessel oder auf dem Sofa mit traumhaftem Blick aufs Meer gemütlich, eine tolle Alternative für all diejenigen, denen es rund um die Milchbar zu trubelig ist.
Am Nordstrand 3, T 04932 93 51 11, www.devries-norderney.de, ganztags geöffnet

Die Mädels haben ihren Spaß. Sorry Jungs, heute ohne euch!

möchte, sollte vorbestellen (was auch online möglich ist). Der Service ist kompetent und aufmerksam.

Schmiedestr. 16, T 04932 99 08 50, www. das-kleine-fischrestaurant.de, Do–Di 16–22 Uhr, Hauptgerichte ab 16 €

Tee per Flatrate
Meine Meierei ● H 2

Das historische Ausflugsziel hat sich gemausert, es wurde umgebaut und erweitert, die vielen neuen Ideen kommen an. Eine gemütliche Teestube, hier kann man sich niederlassen, zahlt 9,50 € und probiert so viele Teesorten, wie man mag, Gebäck gibt's nebenan im Kontor – ein edler Hof- und Geschenkeladen. Vom Holzkohlengrill kommen die Würstel (ab 11,50 €) und der schottische Bio-Lachs gegart im Heu (22,50 €).

Lippestr. 24, meine-meierei.de, Di–So 11–21 Uhr

Chillen am Meer
Milchbar ● A 4

Das Szenelokal mit Glasfront und Sonnenterrasse zum Meer hin ist Kult und ein absoluter Hotspot zum Sonnenuntergang. Die Lounge bietet schöne Sitzgelegenheiten in Sesseln, für Kinderwagen ist auch drinnen genügend Platz vorhanden.

Außer Klassikern wie Milchreis und Rote Grütze gibt es appetitlich angerichtete Brotzeit, Matjes, Pasta und Rosmarinkartoffeln. Hier bedient man sich selbst – und steht daher manchmal eine Weile in der Schlange an. Derweil können Sie sich auch über Musik-Events in der Milchbar informieren.

Damenpfad 33, T 04932 92 73 44, www.milch bar-norderney.de, in der Saison tgl. 11–22 Uhr (im Winter Mi Ruhetag), Speisen 5–12 €

Fisch und Kuchen im Reethuus
Fritsching's im Reethuus
● Karte 2, C 2

Eine echte Bereicherung in der Inselmitte – nicht nur für die Campingplatzbewohner, sondern auch für Spaziergänger und Radler. Der Ausflug zu Fritsching's lohnt sich – das kleine Restaurant am Campingplatz ›Um Ost‹ wird mit Herz geführt. Kuchen und Torten sind frischgebacken, die Küche ist bodenständig, es dominieren Fischgerichte, lecker sind auch die Fischbrötchen und das Norderneyer Bier, Currywurst gibt es auch. Lust auf ein Eis? Jederzeit. Vor dem Haus steht ein Eisselbstbedienungsautomat!

Am Golfplatz 3, T 0176 62 89 91 62, in der Saison Mi–Mo 12–20 Uhr, im Winter geschlossen

Satt & glücklich

Inselliebling
Weisse Düne 🍴 Karte 2, C 1
A place to be am Übergang zum Ostbadestrand: Strandrestaurant, Feinschmeckerlokal und Kaminbar – entsprechend gut besucht. Bei ungemütlichem Wetter prasselt ein Feuer im Kamin – großartig nach einem stürmischen Strandspaziergang – und auch im Winter ist die Weisse Düne geöffnet. Frühstück gibt es bis 14 Uhr, tagsüber werden regionale und kreative Snacks angeboten: Currywurst im Glas, Kartoffelsuppe mit Krabben, Beachburger mit Süßkartoffelstäbchen, Hummerschwanz vom Grill (8,50–37 €). Der Nachmittag gehört dem Kuchen, ab 18 Uhr wählt man von der Abendkarte international-mediterrane Gerichte (mit Reservierung, nur Barzahlung).
Weiße Düne 1, T 04932 93 57 17, www.weisse duene.com, tgl. 11–21 Uhr (warme Küche). Die Weisse Düne-Boutique nebenan hat in der Saison Mi–Mo 11–17 Uhr geöffnet.

EXPERIMENTIERFREUDIG UND UNGEWÖHNLICH

Nordisch by nature auch vegan
Frieseneis 🍴 C 5
Wie wär's mit Küstenkaramell oder Inselkrokant? Das in Greetsiel hergestellte Eis ist delikat. Dazu gibt's ausgefallene Toppings (Erdbeerpüree oder karamellisierte Zwetschgen, Baiserkrümel …) und köstlichen Kaffee. Die Fruchtsorten sind vegan, laktose- und glutenfrei. Vorm stilvollen Eiscafé im kleinen Pavillon am Eingang des Kurplatzes stehen auch ein paar Bänke zum Niederlassen.
Bülowallee 7/Am Kurplatz, www.frieseneis.de, Mitte März–Ende Okt. Di–So 11–18 Uhr

No bad days
Hollbach – The Corner 🍴 B 5
Der Name des Hausweins ist gut gewählt – es kann kein schlechter Tag sein, wenn

Einfache Holzbänke oberhalb der Promenade, dazu ein leckeres Norderneyer Brauhausbier (plus alle Sorten von Fritz-Cola). Die Gläser kosten Pfand, könnte ja sein, dass man vergisst, sie zurückzubringen, wenn die Sonne im Meer versunken ist: Weststrandbar steht drauf.

man sich Zeit zum Cornern nimmt. Dazu ist Hollbach perfekt: Café, Bar, Kiosk – alles zugleich, ein Stopp, drinnen oder draußen, dazu ein Kaffee oder Wein, alles auch zum MItnehmen. Wer ein kühles Getränk lieber am Strand genießen möchte, leiht sich eine Kühlbox aus.
Strandstr. 1

Süß, fruchtig, herzhaft
Waffelbäckerei Koppe B 5
Der verführerische Duft lockt ins winzige Café mit Außenterrasse in der Fußgängerzone. Die Waffel- und Crêpe-Kreationen werden ohne Hefe und Backpulver nach altem Rezept von Oma hergestellt, dem Belag sind fast keine Grenzen gesetzt, die Preise sind leider ziemlich happig.
Strandstr. 8, T 04932 99 00 45, www.haus-koppe.de, tgl. ab 11 Uhr, ab 4,20 €

Spanische Köstlichkeiten
Pesto Pesto B 5
Ob der Name nach dem Inhaberwechsel bleibt, ist nicht sicher. Aber es bleibt bei der ruhigen Lage unweit der bronzenen Seehunde in der Fußgängerzone und bei der spanischen Küche. Wie lecker, wird sich zeigen.
Langestraße 2

Zu Gast bei Freunden
Esszimmer A/B 4
Innovativ, unkompliziert, gesellig – platziert wird man an einer langen, puritanisch und stilvoll aufgedeckten Tafel mit anderen Gästen. Schöne Weine und tolles Essen, kreativ dekoriert und aufmerksam serviert. Ein Platz zum einfach nur Wohlfühlen und Genießen.
Im Hotel Inselloft, Damenpfad 37–40, T 04932 89 38 09, www.inselloft-norderney.de, Di–Sa 18–22.30 Uhr, ab 21 €, 3-Gänge-Menü 65 €.

Schnell und gut
Dinos Pizza C 4
Eine zu Recht auch bei den Insulanern beliebte kleine Pizzeria, entsprechend lang ist die Warteschlange: Es gibt Pasta und Salate, auch vegetarisch und zum Mitnehmen an den Strand. Die wenigen Stehtische sind schnell – und weil's so nett ist – öfters auch mal länger besetzt.

Die Nachfrage war zu groß. Das Norderneyer Bier wird jetzt in der neuen **Norderneyer Brauhalle** (H 3, Im Gewerbegelände 18, in der Saison tgl. 12–18 Uhr) im Gewerbegebiet produziert – und dort auch ausgeschenkt. Einfache Biertische neben den riesigen Braukesseln, Bier, eine Brezel oder Bulette – das war's schon. Und das reicht auch.

Herrenpfad 23/Ecke Jann-Berghaus-Straße, tgl. 11.30–14.30, 17–23 Uhr, außerhalb der Saison Di Ruhetag

Deckena tischt auf
Kochinsel J 3
Das Gewerbegebiet wirkt verlassen, aber es ist ein Stück echtes Norderney, in dem sich nicht nur Handwerksbetriebe niedergelassen haben. Schräg gegenüber der Norderneyer Brauhalle entstehen die Deckena-Leckereien. In der Kochinsel mit einigen hochbeinigen Tischen und Stühlen vor der Tür gibt's Mittagstisch (Mo–Fr 10-13, um 7,50 €)
Im Gewerbegelände 55, T 04932 91 12 31, www.inselmanufaktur.de, Speisekarte und aktuelle Öffnungszeiten online

Kistenflitzer heißen die E-Lastenräder des Hol'ab! Getränkefachmarkts, der die Getränke – emissionsfrei und umweltfreundlich – innerhalb des gewünschten Zeitfensters (Mo–Fr 10–18, Sa 10–13) bis an die Haustür bringt und auch Leergut wieder mitnimmt. Mindestbestellung 20 €, zusätzliche Liefergebühren fallen nicht an. Hol' ab! Ganz einfach online bestellen: www.lieferservice.holab.de.

›Shoppingmall‹ Norderney

Ein Mitbringsel vom Urlaub am Meer – auf Norderney sind die Verlockungen ziemlich groß. Begehrlichkeiten wecken Wohnaccessoires mit Meer-Flair, ein (vermeintlich von Sonne und Salzluft) gebleichtes Holzschild mit dem schlichten Schriftzug ›Beach‹, Klamotten im lässigen Stil kalifornischer Surfer, grandiose Fotografien von Dünen und stürmischem Meer. Auch wer eigentlich nichts sucht, wird ständig fündig.

Keine Frage, auf Norderney kann man viel Geld ausgeben. Das Angebot an maritimen Modelabels, legerer Strandmode sowie an wetterfester Kleidung für kühle und regnerische Tage ist riesig. An Nachfrage herrscht kein Mangel – es ist schließlich gut möglich, dass es heißer, kälter oder windiger ist als erwartet. An der Küste und (besonders) im Urlaub gilt: Es gibt kein schlechtes Wetter, nur unpassende Kleidung. Passend eingepackt, geht es dann an den Strand.

Nach anhaltenden Ostwinden hat man die besten Chancen, einen Bernstein im Spülsaum der Brandung zu entdecken. Wer kein Glück hat, kann sich in den Juwelierläden umsehen, die wunderbaren Bernsteinschmuck anbieten. Nach dem Spaziergang ein heißer Tee? Gerne doch, Ostfriesentee ist ein klasse Souvenir. Auf der Beliebtheitsskala ganz oben rangieren Teesorten mit so klingenden Namen wie ›Schietwettertee‹, ›Sanddornkuss‹ oder ›Wellenbrecher‹.

ZUM SELBST ENTDECKEN

Kleine Läden

In den verkehrsberuhigten Straßen – **Poststraße, Strandstraße, Friedrichstraße, Jann-Berghaus-Straße** – reiht sich Geschäft an Geschäft: Modeboutiquen, die alle angesagten Labels führen, exklusive Schuh- und Schmuckgeschäfte, Souvenir- und Delikatessläden laden zum ausgiebigen Shoppen mit kurzen Wegen ein. An Schlechtwetter-Tagen schieben sich Massen von Menschen durch die Straßen, wer an einem sonnigen Strandtag shoppen geht, ist besser beraten.

Öffnungszeiten

Bemerkenswert viele der kleinen Läden sind noch inhabergeführt und über Mittag geschlossen. Die **Öffnungszeiten**: Mo–Fr 9/10–13, 15–18, Sa 9/9.30–13 Uhr. In der Saison erweitert, viele Läden haben dann auch am Sonntag geöffnet.

Sweets for my Sweet – und für einen selbst natürlich!

Endlich Zeit zum Lesen
Inselbuchhandlung 🛍 B 4

Thalia hat zum Jahresanfang 2023 die Inselbuchhandlung Lübben übernommen und führt sie am neuen Standort (in der ehemaligen Drogerie bei den Seehunden) weiter. Für das Unternehmen ist es die erste Buchhandlung auf einer Insel. Neben Büchern sind auch Geschenkartikel, Spielwaren und tolino E-Reading-Produkte erhältlich.

Poststr. 12

OSTFRIESLANDS SCHÖNSTE SEITEN

Seit 1868 liefert die Norderneyer Badezeitung Aktuelles, Regionales, Hintergründe und Geschichten der Insel und ihrer Einwohner. Das wegen seiner ausgezeichneten Reportagen schon legendäre Ostfriesland Magazin berichtet seit fast vier Jahrzehnten Monat für Monat über Land und Inseln zwischen Dollart und Jadebusen. Diese und viele andere – ebenso interessante wie schöne – Veröffentlichungen des Ostfriesland Verlags findet man im Buchshop des Ostfriesland-Verlags in der HS2-Passage im ehemaligen Haus Schiffahrt in der Bülowallee (www.ostfriesland-verlag.info).

Feinkostfriesland
Deckena 🛍 B 4, B 5

Die Inselmetzgerei Deckena ist überregional bekannt für ihre Schinken- und Dauerwurstspezialitäten. Original Norderneyer Sanddornschinken (getrocknet in der salzigen Nordseeluft), Dauerwürste mit bezeichnenden Namen wie ›Deichkieker‹ und ›Wattwurm‹, Inselsenf, Steaksaucen oder auch deftige Menüs

im Glas bekommt man in attraktiven Präsentverpackungen und -körben in den zwei Inselläden und im Onlineshop. Wer gesund essen möchte, aber im Alltag keine Zeit zum Kochen findet, wird Deckenas Suppen lieben: Veggie Soups, LowCarb-Suppen und Powerbrühen.

Inselmanufaktur Deckena, Friedrichstr. 16 und Fleischerei Strandstr. 20, www.inselmanufaktur.de, www.meergenuss-norderney.de

Süße Augenweide
Norderneyer Zuckerhuus 🛍 B 5

Nicht nur Kinder drücken sich die Nase an der Schaufensterscheibe platt: geringelte Lollis, bunte Lakritz- und Zuckerstangen, Meersalzschokolade, Lebkuchenherzen mit Grüßen von der Insel sind Augenweide und Gaumenschmaus zugleich.

Strandstr. 17, in der Saison Mo–Sa 10, So ab 11 Uhr

Feine Kost
B & B 🛍 C 4

Ein kleiner, charmanter Feinkostladen neben Dinos Bistro. Regale und Frischetheke sind gefüllt mit Pasta, Saucen, Ölen, Käse- und Wurstspezialitäten, hausgemachten Dips und süßen Nascherein.

Knyphausenstr. 4, www.berrinundbernd.de, in der Saison Mo–Fr 11–13.30 und 15.15–18, Sa 11–15 Uhr

Paradies für Zuckerschnuten
Solaro 🛍 B 4

Eine traditionsreiche und gut besuchte Adresse, der kleine Laden ist vollgestopft mit ostfriesischen Spezialitäten, exquisiten Süßwaren, Spirituosen und feinen Teemischungen.

Friedrichstr. 27

Schönes für Teetrinker
Teeambiente 🛍 B 4

Hier kann man sich mit allem versorgen, was zu einer gemütlichen Teezeremonie gehört: Teegeschirr samt Stövchen und Siebeinsatz, schwedische Birkenholz-Tabletts, Norderney-Becher und hübsche Servietten. Kandis und Sanddornhonig versüßen den Tee aus aller Welt. Ach, und noch ein Tipp: Die hinreißenden Blumen-

ORANGENE INSELGRÜSSE

Mitbringselklassiker sind Sanddorn-spezialitäten, zu finden: gefühlt überall – in Apotheken, Drogerie- und Supermärkten, beim Bäcker, beim Metzger, in Tee- und Souvenirläden und Cafés. Die orangefarbenen Beeren, die ab Ende August an silbernen Sträuchern in den Dünen leuchten, sind nicht nur eine Augenweide, sondern auch gesund: 100 g Sanddorn haben zehn Mal so viel Vitamin C wie die gleiche Menge einer Zitrone. Die Beere speichert die Kraft der Sonne und des Sommers und wird zu Köstlichkeiten wie Marmelade, Likören und Saft verarbeitet, ebenso wie in Chutneys, Senf, Öl, Schokolade und Pralinen, Salben und Seifen. Eine gute Adresse ist auch das **Norderneyer Sanddorn-Stübchen** (🔒 B 4, Friedrichstr. 28, www.sanddorn-stuebchen.de). Orange ist im Laden die dominierende Farbe – die Zitrone des Nordens als Vitaminbombe in Tee, Säften, Liköre (etikettiert als Flaschenpost!), Saft und Grappa, Honig und Konfitüren sowie Kosmetikprodukten.

kinder der Firma Wendt und Kühn, und auch die Engel mit den grünen Flügeln und weißen Punkten findet man hier.
Poststr. 4, www.teeambiente.com

Mit Laib und Seele
Inselloft Bäcker 🔒 A/B 4
Hier gibt's von Hand gebackene Brötchen, köstliche Croissants, Brot und Blechkuchen. Fertigmischungen sind ein No-Go. In Zeiten von Großbäckereien ein echter Tipp – hier stehen auch die Insulaner an.
Damenpfad 37–40, www.inselloft-norderney.de, Mi–So 7–17 Uhr

Zeit zum Genießen
Wein & 🔒 B 5
vieles mehr. Drinnen zwei lange Holztische, auch draußen vor der Tür ein paar

Tische, der Kurplatz ist nur ein paar Schritte entfernt. Ein ansprechender Ort, um in aller Ruhe einen Wein zu probieren – weiß, rot oder rosé oder den hauseigenen Gin oder französische Limonaden, dazu eine leckere Tapasplatte … am besten einfach mal reinschauen.
Wilhelmstr. 2, T 0173 783 74 26, www.wein-und.de, Do–Di 12–20 Uhr

…auf ein Glas Wein
Vinothek Dettweiler 🔒 C 4
Weinhandel und Weinlokal mit Produkten vom Wein- und Sektgut Karolinenhof Wintersheim. Dazu gehören neben Wein und Sekt auch kulinarische Delikatessen wie Rieslingsenf, Sektgelee, Weinessig und Traubenkernöl. Hier kann man auch gut am Abend auf ein Gläschen oder zwei einkehren in gepflegtem, nettem Ambiente.
Jann-Berghaus-Str. 76, www.weingut-dettweiler.de, tgl. 16.30–22.30 Uhr, je nach Saison mehr oder weniger Ruhetage

STRASSENMÄRKTE

Nett und überschaubar
Der Wochenmarkt 🔒 C 5
Auch Einheimische schätzen das Angebot: frischer Fisch, Fleisch und Eier, Käse, Blumen, Konfitüren und mediterrane Spezialitäten. Die Händler kommen frühmorgens vom Festland und fahren noch am gleichen Tag wieder zurück.
Am Haus der Insel, in der Saison Mi 8–12.30 Uhr

GESCHENKE, DESIGN, BESONDERES

Inselmomente für zu Hause
1837 – Norderney 🔒 A/B 4
Im Erdgeschoss des Konzepthotels Inselloft reihen sich im Schutz einer offenen Veranda verschiedene Läden aneinander. Mit Lifestyle und Wohn-Inspirationen punktet der Designshop 1837. Hocker im *Shabby Chic*, edle Tücher und Schals, Lampen, Bilder, handgefertigte Gummistiefel gehören zu den stilvollen Dingen, die man zwar nicht unbedingt in dieser Preisklasse

Norderney ist ein Einkaufsparadies, aber an Sonnentagen lockt der Strand. Bei Schietwetter hätten die Radfahrer hier kein so leichtes Vorankommen.

braucht, aber dann doch gerne in genau dieser Ausführung hätte.

Damenpfad 37–40, www.1837-norderney.de

Inselflair
MeerRaum 🔒 B 4
Auch dieser Laden weckt Begehrlichkeiten: Edelregale im legeren Treibholz-Look, trendige Raumausstattung und jahreszeitliche Dekoartikel, stilvolle Gläser und Windlichter warten auf neue Besitzer.

Poststr. 5, meerraum-norderney.de

Schenk mal wieder was
Namuth 🔒 B 4
Vielseitige Geschenkideen für drinnen und draußen, Accessoires, Maritimes wie Schiffsmodelle und Leuchttürme, Schmuck, aber auch Buchstaben aus Massivholz, Vögel- und Nistkästen.

Poststr. 2, www.namuth-norderney.de

Nomen est omen
Moi Reev 🔒 D 3/4
Der Name bedeutet ›schöne Dinge‹, und die findet man hier. Die Auswahl ist angenehm übersichtlich und individuell, abseits des Touristen- und Shoppingtrubels kann man hier gut nach einem Mitbringsel oder Geschenk für sich oder andere suchen.

Benekestr. 50, www.moi-reev.de

Kunstgewerbe
Dagmar Berg 🔒 D 4
Kleiner feiner Laden mit einem ausgewählten Angebot an Kunsthandwerk und Wohndekor, viele besondere und interessante Objekte sowie Vasen und Figuren.

Benekestr. 12

Otto und Udo
Artgalerie Norderney 🔒 C 5
Gegenwartskunst am Kurplatz. Schwerpunkt: vielseitige, poppige, motivierende, lebensbejahende Gegenwartskunst. Unikate und Originale von Janosch, Udo Lindenberg und Otto Waalkes, Plastiken, Kunstdrucke, Porzellan oder Bücher.

Adolphsreihe 6, https://artgalerie-norderney.de, Mo–Fr 10.30–17 Uhr

Kites & viel Besonderes
Sehstücke 🔒 B 4
Wer aufs Wasser will, kommt hierher. Die Beratung ist großartig. Das gilt für alles in dem prallgefüllten Laden. Hier wird einem kleinen Knirps kein großer Lenkdrachen angedreht, den er gar nicht halten kann. Schon lange vor der Energiekrise hingen hier dicke, wasserabweisende Wolljacken aus Neuseeland. Taschen aus gebrauchten Segeln (mit Herkunftszertifkat) oder aus alten Feuerwehrschläuchen.

Friedrichstr. 29, www.sehstuecke.de

*Auf den Wind – auch für große Dra-
chen – kann man sich an der Nordsee
fast immer verlassen.*

Drachenladen
Windgeflüster 🔒 B 5
Bis an die Decke türmt sich alles rund
um den Drachensport: Sportlenkdrachen
für Anfänger und Profis, Kinderdrachen,
Lenkmatten und Zubehör (Schnursets,
Spulen, Stangen und Ersatzteile). Auch
zauberhafte Windspiele und Kinderspiel-
zeug.
Kirchstr. 15, T 04932 935 338, www.drachenla
den-windgefluester.de

Lauter besondere Dinge
Atelier Waterkant 🔒 C 4
Souvenir ist nicht gleich Souvenir – in
diesem kleinen Laden überrascht die
Auswahl: Meersalz für die Küche, ein
Sonnenglas für den Strand. Selbst
entworfene, maritime Prints werden
auf Wunsch personalisiert – ebenso
bedruckte Jutebeutel, Kulturtäschchen,
Seesäcke, Kissenhüllen.
Jann-Berghaus-Str. 70, www.atelierwaterkant.de,
in der Saison tgl., im Winter Ruhetage, Öffnungszeiten s. Webseite

Inseltypische Souvenirs
Meine Insel-Laden 🔒 C 5
Ein Regenschirm mit Strandpanorama,
ein Norderney-Hoody, ein Ole-West-Be-

cher mit Aufdruck der »He!«-Dalbe oder
auch ein Strandkorb gehören zu den
Souvenirs im Insellook – zum Erinnern,
Verschenken und sich Gönnen.
Am Kurplatz 1, im Conversationshaus

Besonderes Ambiente
Atelier in der Schmiede 🔒 C 4
In der ehemaligen Inselschmiede
arbeitet der Künstler Julian Ibsen. Die
Wände hängen hoch bis zur Raumdecke
voller Bilder, andere lehnen an Tischen.
Kraftvoll und fast archaisch wirken viele
seiner Werke, in denen häufig Fundstü-
cke aus der Natur verarbeitet sind. Seine
Werke schmücken auch das bade:haus.
Langestr. 30, www.atelier-schmiede.de, Mo–Fr
9–12, 15–18, Sa 9–12 Uhr

Inselschmuck Strandgut
**Holtmann Juwelier & Gold-
schmiede** 🔒 C 4
Muscheln und Seesterne finden sich hier
als Anhänger und Ohrringe, typische
Norderneymotive wie Kap, Surfcafé und
Riffkieker, Strand, Conversationshaus
und Leuchtturm schmücken Ringe und
Krawattennadeln. Auch eine alte See-
fahrertradition lebt fort: Auf Bestellung
werden Creolen (Seemannsohrringe) mit
den eigenen Initialen angefertigt.
Jann-Berghaus-Str. 10, www.goldschmiede-holt
mann.com, Mo, Di, Do, Fr 10–13.30, 14.30–18,
Mi u. Sa 10–14 Uhr

Wolle, Nähen, Strickcafé
Patchworkstübchen 🔒 C 4
Nicht schick, cool und shiny, sondern ein
ganz normales Handarbeitslädchen mit
schöner Wolle und einer netten und kom-
petenten Inhaberin, die viele Tipps gibt;
regelmäßig Strickcafé-Nachmittage.
Jann-Berghaus-Str. 13, Mo–Fr 10–12.30, 15–17,
Sa 10–12.30 Uhr.

Alles unter einem Dach
August Solaro 🔒 B 5
Ein traditionsreiches Fachhandelshaus:
interessante, nützliche und formschöne
Haushaltsartikel, Heimtextil- und Out-
doorbedarf, Eisenwaren und Geschenke.
Es gibt auch eine kleine Baumarktab-
teilung mit Werkzeugen, Sanitär- und

Elektroartikeln. Schnäppchen sind leider selten dabei, die Qualität hat ihren Preis.

Strandstr. 21, www.solaro-ney.de, Öffnungszeiten s. Website

MODE UND ACCESSOIRES

Zeit zu stöbern
Modehaus Henken 🎒 C 4
Schon der Schaufensterbummel lohnt. Wer zu Hause keine Zeit zum Shoppen hat – kann hier an der Ecke Herrenpfad/Bismarckstraße (Klamottendenkmal vis-à-vis) Stunden verbringen: von Unterwäsche über Socken, Strumpfhosen, Jacken und Hosen zu Handtüchern, Taschen und Rucksäcken gibt es hier alles auf zwei Etagen, was das Markenherz begehrt, dazu kompetente und freundliche Beratung.

Herrenpfad 14, Mo–Fr 10–18, Sa 10–14 Uhr

Schickes für Draußen
Hein&Hutsie 🎒 C 4
Es pfeift und stürmt? Das Islandtief ist ungemütlicher, das Azorenhoch heißer als angekündigt? Vom-Wetter-Überraschte finden im Modegeschäft am Kaiser-Wilhelm-Denkmal alle renommierten Marken funktionaler Bekleidung für Wind, Sonne und Regen, Strand und Sport.

Bismarckstr. 8, www.nordernеyboutique.de

Außergewöhnlich anziehend
Krebs am Meer 🎒 B 4
Oleana, Luana, Transparente, Ono Koon, Cut Loose – wenn Ihnen diese Marken etwas sagen, sind Sie in diesem kleinen, individuellen Laden, der auch Gürtel, ausgefallene Hüte und Mützen hat, goldrichtig.

Poststr. 2

Fair und grün
mia coprian 🎒 B 4
Entspannte Mode aus hochwertigen biologischen Materialien – Leinen, Baumwoll-Cashmere – alle sind unter fairen Arbeitsbedingungen gefertigt.

Friedrichstr. 26, www.mia-coprian.de, Mo–Fr 10–13, 15–18, Sa 10–14 Uhr

---

FONTANE AUF REZEPT

Wenn Sie im Urlaub in eine Apotheke müssen, wählen Sie diese: Die **Kur-Apotheke** (🎒 B 5, Kirchstr. 12, T 04932 92 70 00, www.kurapotheke-norderney.de, Mo–Fr 8–13, 15–18.30, Sa 8–13 Uhr) war einst das Reich des Apothekers Ommen. Theodor Fontane beschreibt ihn in einem Brief als »einen stattlichen Friesen von Bildung, Manieren und Distinktion. Eine Inselgröße.« Betritt man die älteste Apotheke auf Norderney, fühlt man sich zurückversetzt ins 19. Jh. Die hölzernen Regale und mit altmodischer Beschriftung versehenen Schubladen reichen bis unter die Decke. Ommen war übrigens der Einzige auf Norderney, der Fontanes Werke kannte – das war Labsal für die Seele des Schriftstellers, der sich zwar keinen Rummel wünschte, sich aber doch über etwas mehr Ruhm gefreut hätte. Der belesene Apotheker Ommen diente Fontane später als Vorlage für die Apothekergestalt Alonso Gieshübler in seinem Roman »Effi Briest«.

Schuhe im alten Postgebäude
Pomp 🎒 B 4
Nichts Besonderes? Denken Sie. Dann schauen Sie mal rein. Ein außergewöhnliches Sortiment – kreativ, bunt, eigensinnig, individuell.

Poststr. 1

Barfußschuhe
Leguano 🎒 C 4
»Mehr Gesundheit dank der natürlichsten Gehweise der Welt« versprechen diese Schuhe. Barfußgehen tut ohne Zweifel gut, und wenn eine dünne Sohle vor Steinen, Stöckern und Scherben schützt, dann ist das Urlaub für die Füße auch im Alltag. Jedes Stück von Hand gefertigt, die meisten in der Waschmaschine waschbar. Wer sie einmal an den Füßen hatte, mag sie nicht mehr ausziehen.

Bismarckstr. 7

ZUM SELBST ENTDECKEN

Was, wo, wann?
Die Termine für Kinofilme und Konzerte, Vorträge, Seminare und Aufführungen des Niedersächsischen Staatstheaters findet man im aktuellen **Veranstaltungskalender,** der im Conversationshaus (▶ S. 30) ausliegt. Von Montag bis Samstag erscheint der **»Norderneyer Morgen«,** den es gratis zum Mitnehmen quasi überall gibt – beim Kaufmann, beim Bäcker und natürlich im Conversationshaus (auch online: www.nomo-norderney.de). Auf der ersten Seite stehen die Veranstaltungen des Tages. So kann man schon beim Frühstück planen, was man tagsüber bzw. abends unternimmt. Besondere (preislich gehobene) Angebote fehlen in den genannten Auflistungen. Auf sie verweisen Aushänge am schwarzen Brett im Conversationshaus und ausliegende Flyer.

Alles hat seine Zeit

Das Nachtleben von Norderney hält keinen Winterschlaf. Urige Kneipen zum Klönen, gelegentlich mit Livemusik, chillige Cocktailbars, großes Kino im kleinen Hoftheater und nicht zuletzt lässige Strandlokale, um den Sonnenuntergang zu genießen – Nachtschwärmer können auf Norderney aus dem Vollen schöpfen.

Die Kneipen und Clubs liegen in der Innenstadt, viele rund um den Kurplatz, in der Post- und Strandstraße. Und hier ist nicht nur in der Hauptferienzeit Party angesagt. Im Gegenteil: Im Frühjahr und im Herbst, wenn die Ferien zu Ende und die Familien abgereist bzw. noch nicht angereist sind, fallen die Kegel- und Tennisclubs, die Kniffelfrauen, die Mädchen- und Doppelkopfrunden ein, gerne schon am Donnerstagabend, um sich ein verlängertes Wochenende dem Feiern und (Trink-)Vergnügen hinzugeben. Frisch von der Fähre – den Koffer oftmals noch neben sich – beginnt die Party mit einem Begrüßungsbierchen auf der Terrasse des zentral am Kurplatz gelegenen Inselhotel König (▶ S. 31). So wandeln sich in der zweiten Wochenhälfte nette, gemütliche Kneipen, in denen man den Rest der Woche in aller Ruhe sein Bier trinken und mit dem Wirt klönen kann, in brodelnde Trink- und Tanzschuppen.

Abendrot am Weststrand. So schön kann ein Urlaubstag zur Neige gehen. Der Blick schweift in die Ferne, und Stille kehrt ein …

BARS UND KNEIPEN

Norderneyer Urgestein
Goode Wind ⚙ C 5
In der traditionsreichen Inselkneipe genehmigen sich nicht nur Urlauber einen Drink, sondern gerne auch die Einheimischen. Es gibt Bier vom Fass, ein reiches Whiskyangebot, Longdrinks und sehr leckere Cocktails – die Mischung macht's, keine Clubs, einfach nur angenehm.
Gartenstr. 58a, tgl. 17–1 Uhr

Bei Fidi
Alt-Norderney ⚙ C 4
Gemütliche, maritim-rustikale ›Hafenkneipe‹ mitten in der Innenstadt – ohne Formel 1 und Bundesliga.
Jann-Berghaus Str. 75

Bier und Rum
Friesenschänke ⚙ B 4
Sympathisch altmodische Bierstube im Hotel Friese. Beim Kräuterbitter ›Würgengel‹ mit 40 % Alkohol und fast 200 exotischen Rumsorten aus aller Welt ist es leicht, ins Gespräch zu kommen. Regelmäßige Rum Tastings.
Friedrichstr. 34, www.hotel-friese.de, tgl. ab 20 Uhr

Setzen und sich Wohlfühlen
Atelier Art & Bar ⚙ C 5
Die Café-Bar im Foyer des historischen Kurtheaters ist nicht nur für Kino- und Theatergänger eine schöne Einkehrmöglichkeit. Wer mag, kann im Sommer auch draußen entspannen. Die Einrichtung ist ein charmanter Mix aus Neu, Alt und Retro mit einem Hauch Marokko: Man sitzt auf Bürostuhl-Barhockern an der Holztheke, im gemütlichen Klubsessel oder auf Sitzkissen. Longdrinks und Cocktails, Cappuccino und Pfefferminztee. Mitunter Livemusik.
Am Kurtheater 2, Di–So ab 19 Uhr, in der Saison auch früher

Qualmen erlaubt
Fischerkate ⚙ B 5
Vom Namen kann man nicht auf das Interieur schließen. Die Fischerkate

Ich seh den Sternenhimmel … Tatsächlich, denn der ist großartig über Norderney! Ehe man in einer Kneipe ins Glas guckt, schaut man in der **Wilhelm-Dorenbusch-Sternwarte** (🗺 F 3) in den Himmel. Bemerkenswert ist die Leidenschaft, mit der sich die Norderneyer Sternfreunde ihrem Hobby widmen. Interessierten Gästen bieten sie einen Blick in die Welt der Sterne und Teleskope, Termine für Führungen und Vorträge findet man im Veranstaltungskalender, sie finden übrigens bei jedem Wetter statt und sind empfehlenswert, auch wenn es bewölkt ist (östlich der Bürgermeister-Willi-Lührs-Str., www.sternwarte-norderney.de, März–Nov. Führung Di/Mi 18 u. 20 Uhr, 7 €, Anmeldung erforderlich: T 0176 24 92 82 09..

im Inselhotel König ist eine moderne Mischung aus Lounge, Bar und Kneipe. Neben gemütlichen ruhigen Abenden kann man hier ebenso partytolle Nächte erleben, Fr/Sa legt ein DJ auf.
Bülowallee 8, www.inselhotel-koenig.de, tgl. 11–3 Uhr

Wilfried's Bierbar
Cinema ⚙ C 5
Nachmittags kann man hier bei 'nem Latte entspannen, ein paar Tische stehen draußen sehr angenehm etwas abseits vom Trubel, es gibt Kleinigkeiten zu essen. Abends ist die moderne, ungezwungene Bier-Bar super zum Fußballgucken oder auch nur auf ein Bierchen.
Wedelstr. 3, Di–Do 18–2, Fr ab 16, Sa ab 14.30, So ab 15 Uhr, in der Saison tgl. und länger geöffnet

Stilvolle Salonbar
kurPalais ⚙ C 5
Tagsüber herrscht viel Trubel an den Cafétischen in der repräsentativen Orangerie des Conversationshauses oder auf

TOLLE PARTY? VOLLE INSEL!

Beim **White Sands Festival** (s. Foto oben) an Pfingsten ist die Insel ausgebucht. Eine super Stimmung herrscht hier schon tagsüber: Beachvolleyball, Kitesurfen, Chill-out und vieles mehr am Nordstrand! Legendär aber sind die Nächte: 3 Nächte – 3 Partys – im Veranstaltungszelt am Nordstrand und im Haus der Insel (www.whitesandsfestival.de).
Fünf Tage Party am Nordstrand: Das **Summertime** in der zweiten Julihälfte vor grandioser Strand-Meer-Kulisse ist das Sommerhighlight mit vielen Livekonzerten und Beachpartys mit bekannten Radio-DJs. Für Besucher, die nach dem Konzert wieder auf das Festland müssen, setzt die Reederei Frisia eine Sonderfähre ab Norderney ein (www.summertime-norderney.de).

der großzügigen Terrasse zum Kurplatz, abends aber kommt die Zeit für die stilvolle Bar mit Kronleuchter, floralgemusterter Tapete und leckeren Cocktails.
Am Kurplatz 1, tgl. 10–22 Uhr

Viel Vergnügen mit ›Tante Jens‹
Kings Club ☼ C 5
Eine kleine, coole Nachtbar zum Biertrinken und Musik hören, verschiedene Events und Shows, der Wirt Jens Langner, Künstlername ›Tante Jens‹, greift gelegentlich selbst zum Mikrofon, frei nach der Devise »I do it my way«.
Osterstr. 6, www.tantejens.de, Mi–So ab 20 Uhr bis open end

Gemütliche alte Inselkneipe
Haifischbar ☼ C 5
Die Bar (neben dem Kings Club) ist Kult. Allein schon die maritime Ausstattung

lohnt einen Besuch. Einfach gemütlich auf ein Bier mit netten Leuten. Die Preise für die Getränke sind normal, das heißt norderney-untypisch günstig.
Osterstr. 6 (Eingang Lange Straße), in der Saison Mo–Sa ab 17 Uhr

Hat was!
Norderneyer Brauhaus ☼ B 5
In einer Pension von 1892 wurde 2012 ein kleines Brauhaus mit Brauerei-Gaststätte eingerichtet. Gebraut werden (mit Norderneyer Trinkwasser) ein helles, naturtrübes Pils und ein bernsteinfarbenes Weizen. Die schlichte Ausstattung mit Backsteinwänden, massiven Holztischen und Kerzen ist rustikal und modern zugleich, besonders sind die Abende mit Livemusik (s. Website). Tipp in der Saison: An der Strandpromenade am Weststrand liegt die **Weststrandbar** (☼ B 5), ein

lokales Bier zum Sonnenuntergang – das ist einfach nur toll!

Damenpfad 5, https://norderneyer-bier.chayns. de, So–Do 16–23, Fr und Sa 16–24 Uhr, Weststrandbar in der Saison tgl., bis die Sonne im Meer versinkt.

Sundowner mit Blick über die Insel
Rooftop-Bar ☼ B 5

Coole, lässige Cocktailbar auf der Dachterrasse des Hotels New Wave. Nicht nur Hotelgäste entspannen bei Loungemusik und Barklassikern. Der Blick über die Innenstadt ist großartig, geöffnet in der Saison, bei gutem Wetter (Reservierung empfohlen), bei Regen oder starkem Wind geschlossen, da die Gäste unter freiem Himmel sitzen.

Luisenstr. 13–16, T 04932 93 42 00, www. new-wave.de, Mai–Sept. Mi–Mo 16.30–22.30 Uhr

---
INSELTYPISCHES

Ganz großes Kino
Kurtheater ☼ C 5

Ein Besuch des Kurtheaters ist ein Erlebnis, das man sich auf keinen Fall entgehen lassen sollte. Neben Filmvorführungen stehen Theater, Konzerte, Kleinkunst und Kabarett auf dem Programm. Eine Schauvitrine mit Kinoplakaten und aktuellen Terminen befindet sich am Kurplatz nahe der Park-Apotheke. Tipp: den Kinokartenvorverkauf im Conversationshaus nutzen. Es gibt freie Platzwahl – am besten unten im Parkett im hinteren Drittel, oben in der Loge sind die Sitze enge und unbequemer. NorderneyCard nicht vergessen.

Am Kurtheater 4, T 04932 89 19 00

Jeder Tag kann dein Glückstag sein
Casino ☼ C 5

In den großzügigen traditionsreichen Räumlichkeiten ist vom Glanz vergangener Zeiten nur noch wenig zu spüren. Es gibt keinen gediegenen Roulettetisch mit Croupier, keine Pokerspiele, auch kein Black Jack, stattdessen 88 Glücksspielautomaten und der Niedersachsen-Jackpot. Im September 2016 gelang es einer 60-jährigen Ostfriesin den Niedersach-

sen-Jackpot in der Norderneyer Spielbank zu knacken – sie gewann 413 944,14 € … Die Kleiderordnung ist recht locker, gepflegte Freizeitkleidung, kein Krawattenzwang (Mindestalter 18 J.).

Am Kurplatz 1 (Seiteneingang Conversationshaus), April–Okt. tgl. 11–0.30, Nov.–März 14–22.30 Uhr, Tageskarte 3 €

To Go
Cocktails – wo auch immer ☼

Dass es einmal ganz still auf Norderney sein könnte, war unvorstellbar. In der Corona-Stille (2020) aber wurde eine Idee verwirklicht, die bisher gefehlt hat. Das Cocktail-Taxi Norderney liefert die gewünschten Cocktails und Longdrinks per SegWay an jeden gewünschten Ort. Auf der Karte stehen Klassiker wie Caipirinha, Sex on the Beach, Pina Colada, Aperol Spritz und Lilet Wild Berry. Sehr praktisch in Pfandgläsern mit Schraubverschluss.

T 0175 999 99 59, www.cocktail-taxi-norderney.de, Do–So 19–21 Uhr

---
TANZEN

Weißt du noch …?
Beach Club ☼ B 5

Die Diskothek in der Strandstraße war schon immer da, wenig hat sich seit der Zeit der Discokugeln geändert und viele Gäste schätzen das. Die Musik bietet für alle etwas, das Repertoire der DJs reicht von aktuellen Hits über beliebte Oldies bis hin zu Schunkelmusik und Hans Albers' »Auf der Reeperbahn nachts um halb eins«.

Strandstr. 2, Eingang neben dem Restaurant Möwchen, ab 22 Uhr

Über dem Klabautermann
Pasadena ☼ B 5

Lange war es ein altbackener Laden, nach dem Umbau ist es hier richtig nett geworden, es gibt eine kleine Tanzfläche und eine klasse Gin-Karte. Passend dazu kann man, wenn man gerade vor Ort ist, an Gin & Tonic Tastings teilnehmen, ab und zu legen Gast-DJs auf.

Kirchstr. 17, Do–Mo ab 21 Uhr

Hin & weg

AN- UND RÜCKREISE

Von **Norden-Norddeich** (⌂ Karte 3, C 2) verkehren die (Auto-)Fähren nach Norderney. Norddeich-Mole ist Anlaufstelle für Autofahrer, Bus- und Bahnreisende.

Eingabe Navigationssysteme:
Hafenstraße, 26506 Norden-Norddeich. Vor Ort einfach dem Schild Norderney folgen.
Parken auf dem Festland: Die anlegernahen Stellplätze und Garagen in Norddeich sind gut ausgeschildert. Die Kosten liegen je angefangenem Tag bei 5,50 €. Der Parkschein wird bei Einfahrt gezogen und beim Abholen des Fahrzeugs am Kassenautomat bezahlt.

WOHIN MIT DEM KOFFER?

Das denkmalgeschützte, ehemalige Haus Schiffahrt in der Bülowallee ist eine Schönheit mit Geschichte. Viele Generationen von Reisenden kauften hier ihre Zugtickets, buchten Schiffsausflüge und reservierten einen PKW-Platz auf der Fähre. Mit dem Umzug ins Hafenterminal verlor der hübsche ›Bahnhof ohne Schienenanschluss‹ seinen ›Sinn‹. Der Ausbau zur HS2-Passage und der Einzug von Dienstleistern und Gastronomiebetrieben passt zur Shopping-Insel. Eine überaus praktische Zutat aber sind die Postfiliale und die öffentliche Schließfachanlage. Für diejenigen, die ohne Auto anreisen, ist das Gepäck immer ein Thema: … Ich möchte früh anreisen, ich möchte spät abreisen und den Tag noch auf der Insel verbringen … Die Lösung ist da: In den neuen Schließfächern kann man auch größere und mehrere Koffer verstauen. Bülowallee 2 (im ehemaligen Haus Schiffahrt).

Die Nutzung des Zubringerbusses (zum/vom Anleger) kostet 1 €. Zu Fuß über den Deich sind es knapp 10 Min. Zum Ausladen des Gepäcks gibt es Kurzzeitparkplätze direkt am Fähranleger.
Mit dem Auto auf die Insel: Gäste, die ihr Auto mit auf die Insel nehmen möchten, brauchen eine Online-Reservierung. Ohne Buchung ist die Mitnahme des Fahrzeuges nicht garantiert! Auf den Buchungsportalen (www.inselfaehre.de und www.frisonaut.de) kann man sehen, wieviele Plätze auf der jeweiligen Fährfahrt noch frei sind. Auch für die Rückfahrt muss das Auto angemeldet werden. Wer noch einen weiten Rückweg vor sich hat, sollte rechtzeitig einen Platz auf einer frühen Fähre buchen.

Bahn
Die Züge fahren direkt bis Norddeich-Mole, vom Bahnsteig zum Schiff sind es nur ein paar Schritte. Bahn- und Fährverbindungen sind im Bahn-Kursbuch verzeichnet. Sehr übersichtlich ist der Flyer »Die Nordsee ruft – Zügig ins Emsland und auf die Ostfriesischen Inseln« (auch als Download, auf www.bahn.de nach »Zügig nach Ostfriesland« suchen). Wem das Umsteigen auf die Fähre mit seinem Reisegepäck zu mühsam ist, kann dieses durch einen Kurierdienst der Bahn von zu Hause abholen und zum Urlaubsort bringen lassen. Infos und Tickets erhält man in jedem DB-Reisezentrum oder online unter: www.bahn.de > Stichwort Gepäckservice.

Bus
Deutschlandweit verkehren die Flixbusse, in der Saison geht es fast tgl. nach Norden-Norddeich, www.flixbus.de.

Fähre/Inselexpress
Im Sommer startet die Autofähre bis zu 15 x tgl. ab Norddeich-Mole, im Winter sind es neun Fahrten am Tag. Die Fahrtzeit beträgt ca. 55 Minuten. Tickets (Hin- und Rückfahrt ab 21,50 €/Erw.,

PKW je nach Länge 77,50–103,50 €) gibt es am Anleger oder online. Bahnreisende können ganz entspannt von der Bahn zum Schiff hinüberschlendern: Das Bahnticket beinhaltet bereits das Fährticket, wenn als Reiseziel Norderney angegeben ist. Nur ca. 25 Min. ist die Schnellfähre unterwegs. Der Inselexpress ist oft frühzeitig ausgebucht, am besten online buchen, (einfache Fahrt nach Norderney 25 €/Erw., keine Automitnahme).
Info: AG Reederei Norden-Frisia: T 04931 98 70, www.inselfaehre.de. Inselexpress: www.inselexpress.de. Alle Verbindungen können auch über das Portal www.frisonaut.de gebucht werden.

Flugzeug
Der nächste internationale Flughafen ist Bremen. Die FLN Frisia-Luftverkehr GmbH unterhält ganzjährig eine Bedarfsfluglinie von Norddeich nach Norderney (Info: T 04931 933 20, www. inselflieger.de, je Strecke 72,50 €/Erw., Gepäck bis 10 kg frei).
Norderneys Flugplatz Fluhaney (⛰ Karte 2, D 2) befindet sich in der Inselmitte (ganzjährige Busanbindung), Info T 04932 24 55, www.flughafen-norderney.de.

INFORMATIONEN

Tourist-Information im Conversationshaus: Am Kurplatz 1, 26548 Norderney, T 04932 89 19 00, Zimmervermittlung T 04932 89 13 00, www. norderney.de, Mo–Sa 10–13 Uhr, Mo und Di auch 15–17 Uhr, in der Saison erweiterte Öffnungszeiten. Ferienwohnungen vermittelt auch der **Norderney Zimmerservice** (T 04932 33 71, www.norderney-zs.de).
Im **Foyer des Conversationshauses** gibt es Internetterminals, die man täglich für 15 Min. kostenlos nutzen darf. Bequemer ist es, sich mit eigenem Smartphone oder Tablet ins Internet einzuloggen, im Lesesaal (im Conversationshaus) ist der Onlinezugang kostenlos und zeitlich nicht begrenzt.

NORDERNEY À LA CARTE

An der Fahrkartenausgabe in Norddeich-Mole bzw. auf der Fähre oder auch am Flugplatz wird einem die **NorderneyCard** (NC) ausgehändigt. Sie ersetzt das Fährticket und die Kurkarte, sie ist auch Strandkorbkarte und Eintrittskarte zu vielen Attraktionen und Serviceleistungen. Halten Sie die NC bei der Ankunft auf der Insel bereit. Beim Passieren der Drehkreuze wird das Anreisedatum gespeichert.
Achtung: Denken Sie daran, die angefallenen Kosten vor Ihrer Abreise von Norderney an einem der NC-Automaten oder in einer der Servicestellen zu entrichten, u. a. im Conversationshaus, im bade:haus, im Hafenterminal. Der Kurbeitrag ist in jedem Fall fällig, er beträgt in der Saison pro Übernachtung für Erw. 4 €, Rest des Jahres 2 €.

Sehr nützlich ist die kleinformatige Broschüre ›Reisebegleiter‹ für Norderney mit vielen Tipps für Aktivitäten (auch bei Regenwetter) Inselinformationen, Bus- und Fährfahrplänen, Beschreibung der wichtigsten Sehenswürdigkeiten und Webseiten, sie ist Beilage im Gastgeberverzeichnis, liegt aber auch als Einzelheft im Conversationshaus aus.

He! In der Saison verkündet ein **Ausrufer** (mit Handglocke) aktuelle Veranstaltungen und beantwortet auch Fragen der Gäste (in der Saison Mo, Mi, Fr 11 Uhr in der Poststr. bei den bronzenen Seehunden).

NORDERNEY IM INTERNET

www.frisonaut.de: Über das Urlaubsportal für die Nordsee kann man Unterkünfte suchen, Aktivitäten finden, Fahrräder leihen, Schiffsfahrten buchen, Tidenkalender und Wetterdaten einsehen (Live-Webcam u. a. auf dem

Hafenterminal). Sehr übersichtlich und praktisch.

www.norderney.de: Alle nützlichen Informationen, (inkl. bildschöner Inselfotos), findet man auf der Website der Staatsbad Norderney GmbH: Angaben zu Anreise, Unterkunft, Thalasso, Wetter, Veranstaltungen, Weltnaturerbe, Zimmervermittlung.

www.stadt-norderney.de: Die Website bietet zahlreiche Infos und Fakten über die geschichtliche und städtische Entwicklung, aber auch Aktuelles zu Wirtschaft, Politik, Gesundheit inkl. Adressen von Krankenhäusern, Ärzten, Apotheken, zu Natur und Umwelt.

magazin.norderney-zs.de: Neuigkeiten von der Insel, aktuell und informativ.

www.norderney-chronik.de: Inselgeschichte in Jahreszahlen, ausführliche Artikel über verschiedene Ereignisse, Bauwerke im Verlauf der Geschichte, Pressearchiv des »Norderney Kurier«.

www.nomo-norderney.de: Der »Norderneyer Morgen« liegt (Mo–Sa) zudem als Printausgabe gratis vielerorts aus, Beiträge zum Tagesgeschehen, Wetter und Veranstaltungen.

www.ferien-ahoi.de: Viele praktische Service-Informationen, dazu aktuelle Berichte, Porträts und Reportagen über Unterkünfte, Restaurants und Läden, Freizeit- und Wellnessangebote aus dem

Magazin »ahoi! NORDERNEY« (liegt in Läden, Restaurants etc. aus).

www.traumjobs-norderney.de: Dort arbeiten, wo andere Urlaub machen – vielleicht ist ja etwas dabei.

REISEN MIT HANDICAP

Barrierefrei auf Norderney: Ausführliche Infos im Internet auf www.norderney.de/norderney-fuer/barrierefrei. Tipp: DIe Thalasso-Plattformen am Zuckerpad, Dünensender und am alten Postweg sind barrierefrei zu erreichen.

UMWELTFREUNDLICH UNTERWEGS

Auto

Der Kraftfahrzeugverkehr auf Norderney ist in der Saison (Ende März–Anfang Nov. und in den Weihnachtsferien) stark eingeschränkt. Große Teile des Stadtgebiets sind für Kraftfahrzeuge gesperrt. Unterkünfte, die in den von der Saisonverkehrssperre betroffenen Inselbereichen liegen, dürfen im Zeitraum von einer Stunde nach Ankunft des Schiffes bzw. einer Stunde vor Abfahrt der Fähre angefahren werden. Nach dem Ausladen des Gepäcks muss das Auto auf einem der gebührenpflichtigen Dauerparkplätze abgestellt werden. Der zentrumsnähere **Dauer-Parkplatz B** (an der Feldhausenstr./Ecke Marienstr.) kostet 4,50 €/Tag (mit einer kostenlosen Ladestation für E-Autos), der unbewachte, anlegernahe **Dauer-Parkplatz C** (an der Hafenstr./Ecke Mühlenstr.) kostet in der Saison 6 € je Ausfahrt.

Weitere, kleinere und zum Teil kostengünstigere Abstellmöglichkeiten liegen im Stadtgebiet außerhalb des Zentrums verteilt. Kostenfrei sind die Parkplätze Ostbad (Weiße Düne), Oase (FKK-Strand) und am Ostheller, die allerdings nicht zum Dauerparken geeignet sind.

Bus

Die **Linien 1 bis 3** bedienen die Strecke vom Hafen Richtung Stadt (Westen und Mitte) und Nordhelmsiedlung (Osten). Bei

---

SICHERHEIT UND NOTFÄLLE

Polizei: (Knyphausenstr. 7), T 04932 929 80 und 110
Rettungsdienst/Notarzt/ Feuerwehr: T 112
Krankenhaus Norderney: Lippestr. 9-11, T 04932 80 50, www. krankenhaus-norderney.de
Sperren von EC- und Kreditkarten: T 116 116, www. sperr-notruf.de
Botschaft Österreich: T 030 20 28 70, www.bmeia.gv.at
Botschaft Schweiz: T 030 390 40 00, www.eda.admin.ch

Ankunft der fahrplanmäßigen Fährschiffe stehen die Busse am Hafen bereit. Einzelfahrt inselweit 2,30 €, Tagesticket 4,30 €. Die Linien 4 und 5 führen vom **Busbahnhof** (⌂ D 4) an der Jann-Berghaus-Straße in den Inselosten: Die **Linie 4** verkehrt tgl. vom Busbahnhof über den Leuchtturm zur Oase, **Linie 5** vom Busbahnhof zur Weißen Düne und zurück. **Die Linie 6** fährt nur in der Sommersaison vom Hafen zur Weißen Düne. Achtung: Fahrräder und Bollerwagen werden nicht befördert. **Info:** Die Linien 1–3, 5 und 6 bedient Peter Tjaden, T 04932 913 13 12, www.inselbus-norderney.de, Linie 4 sowie Inselrundfahrten das Busunternehmen Fischer: T 04932 21 19, www.bus-fischer.de.
NC-Bus: Der innerstädtische Linienbus-Service kostet pro Fahrt 1 €, ohne NC 1,50 €, (keine Beförderung von Bollerwagen, Fahrrädern) Info: www.norderney.de
Taxi: Ney Taxi: Am Busbahnhof 7, T 04932 23 45 15, neytaxi.de
Neu und noch im Aufbau: E-del Car Fahrservice: schicke E-Limousinen, aber nicht teurer als die normalen Taxifahrten, T 04932 868 88 88, www.e-delcar.de

Fahrrad

Das Fahrrad ist das Verkehrsmittel Nummer eins auf der Insel, über 80 km ausgewiesene Rad- und Wanderwege erleichtern auf Norderney die Orientierung. Es gibt vor Ort eine große Auswahl von Fahrradvermietern. Für Tagesgäste bietet sich ein Fahrradverleih gleich am Hafen an. Z. B. mit einem E-Bike ist es leichter und darum verlockender, die mitunter recht stürmische Insel ›mit Rückenwind‹ zu erkunden. Ein E-Bike von www.nordsee-bike.de lässt sich online buchen, Verleih- und Akkuwechselstation in der Stadtmitte: Langestr. 15, T 04932 99 13 90, E-Bike 25 €/Tag, E-Lastenrad 30 €/Tag. Auch viele andere Fahrradverleiher bieten E-Bikes an.

Stadtführung

Wissenswertes aus über 200 Jahren Inselgeschichte, in der Saison 1–2 x

Lust auf Schiff? Der Norderneyurlaub beginnt (und endet) mit einer kleinen Seereise.

pro Woche, Mo, (Sa), im Winterhalbjahr seltener, Termine im Veranstaltungskalender, 10 €, Start/Treffpunkt: Treppe Haupteingang Conversationshaus; Karten gibt es in der Tourist-Information.

Radführung

Norderney ›erfahren‹: Eine geführte, sehr informative Tour, das eigene Rad muss mitgebracht werden. Di 14 Uhr, in der Saison zusätzlich Do 14 Uhr, Classic ca. 2,5 Std., 12 €, ca. 10 km, Voranm. erforderlich, in der Saison frühzeitig ausgebucht! Erweiterte/individuelle Touren sind möglich(Mi 14 Uhr, Info-Aktiv 20 km, Dauer 3,5 Std., 17 €) Treffpunkt und Karten im **Reisebüro Norderney,** Adolfsreihe 6, www.reisebuero-ney.de.

Inselrundfahrten/Hop-On, Hop-Off

Omnibusverkehr Fischer, Jann-Berghaus-Str. 38, T 04932 21 19, www.bus-fischer.de. Ab Rosengarten, in der Hochsaison auch ab Fähranleger, je nach Saison bis zu 6 x tgl., Man kann unterwegs aussteigen und später wieder einsteigen, Tageskarte 12 €.

Inseltour mit der Bömmelbahn

Ab Haltestelle Rosengarten geht es in knapp 2 Std. – inkl. 30 Min. Pause an einem der Strände (Oase oder Weiße Düne) – zum Hafen, zum Leuchtturm und zurück. Info: www.boemmelbahn.de, in der Saison tgl. 11, 12, 13, 14 und 15 Uhr, Erw. 12 €, Kinder bis 12 J. 6 €.

O-Ton Norderney

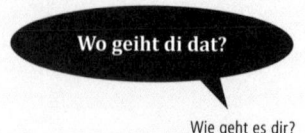

Wo geiht di dat?

Wie geht es dir?

He!

NU IS TEETIED

Willkommen! Guten Tag!
*Nicht ›Moin‹, schon gar nicht
›Moin moin‹!*

gnadderich

Jetzt gibt's Tee!
Zeit zum Klönen und Entspannen

unzufrieden

**›Nich lang schnacken,
Kopp in Nacken!‹**

sutje

Nicht lange reden, Kopf in den Nacken!
Runter damit! (Trinkspruch)

WAT MUTT, DAT MUTT

langsam, bedächtig

»Was sein muss,
muss sein«
Keine Diskussion!

Bittje scheef hett Gott leev

Klokschieter

»Ein bisschen schief hat Gott lieb«
Nobody is perfect.

Klugscheißer

Heel wat Besünners

Holl di munter!

etwas ganz Besonderes

Auf Wiedersehen!

Register

Register

Das Klima im Blick
Reisen bereichert und verbindet Menschen und Kulturen. Wer reist, erzeugt auch CO_2. Der Flugverkehr trägt in erheblichem Maße zur globalen Erwärmung bei. Wer das Klima schützen will, sollte sich – wenn möglich – für eine schonendere Reiseform entscheiden oder die Projekte von atmosfair unterstützen. Flugpassagiere spenden einen kilometerabhängigen Beitrag für die von ihnen verursachten Emissionen und finanzieren damit Projekte in Entwicklungsländern, die dort den Ausstoß von Klimagasen verringern helfen (www.atmosfair.de). Auch die Mitarbeiter des DuMont Reiseverlags fliegen mit atmosfair!

Abbildungsnachweis
Arno Ufen, Norderney: S. 120/8
Claudia Banck, Sukow/Zietlitz: S. 12/13, 14/15, 22, 38, 41, 45, 48, 50, 58, 68, 71,
   76, 77, 78, 84, 87, 88, 98, 100
Fotolia, New York (USA): S. 26 (Bevisphoto); 92 (exclusive_design); 36, 64 (Susanne
   Güttler)
Getty Images, München: S. 8/9, 16/17 (LOOK-foto/Arnt Haug)
Glow-Images, München: S. 4 u. (Michael Narten)
istock.com, Calgary (CA): S. 20 (DigiClicks); 113 (Hafenspeicher); 75 (MichaelUtech);
   4 o. (RolandBlunck); 120/9 (tonivaver)
Kirsten Kluin, Norderney: S. 120/5
laif, Köln: S. 24, 34, 42, 82, 97, 108 (Martin Kirchner); 90 (Michael Loewa)
Martin Boekhoff, Moormerland: S. 120/7
MATO, Hamburg: S. 29, 52, 94, 103 (Günter Gräfenhain)
Mauritius Images, Mittenwald: S. 67 o. (Alamy/Werner Dieterich); 56 (Raimund Linke);
   7 (Alamy/Jochen Tack); 33 (Alamy/Paul Fearn); 104 (Alamy/tbkmedia.de); Titelbild,
   Faltplan, 39 (Christian Bäck); 67 u. (imagebroker/FLPA/Gary K Smith); 106 (Peter
   Lehner); 72 (Uwe Steffens)
Nele Martensen, Hamburg: S. 120/3
picture alliance, Frankfurt a. M.: S. 30 (dpa/Frank May)
shutterstock.com, Amsterdam (NL): S. 80/81 (Bildagentur Zoonar GmbH); 54 (jeda-
   mus); 60 (rphstock)
Wikimedia Commons: S. 120/4 (CC BY-SA 1.2/Heiko Folkerts); 120/2 (CC BY-SA 3.0/
   Bernd Schwabe); 120/6 (CC-PD/germanhistorydocs.ghi-dc); 120/1 (CC-PD/Hajotthu)
Zeichnungen: S. 5 (Antonia Selzer, St. Peter); S. 2, 11, 30, 34, 38, 54, 70, 73 (Gerald
   Konopik, Mammendorf)

Kartografie
© DuMont Reiseverlag, Ostfildern

Umschlagfoto
Titelbild: Sandstrand auf Norderney

Hinweis: Autorin und Verlag haben alle Informationen mit größtmöglicher Sorgfalt
geprüft. Gleichwohl sind Fehler nicht vollständig auszuschließen. Alle Angaben erfolgen
ohne Gewähr. Bitte schreiben Sie uns! Über Ihre Rückmeldung zum Buch und Verbesse-
rungsvorschläge freuen sich Autorin und Verlag:
DuMont Reiseverlag, Postfach 3151, 73751 Ostfildern,
info@dumontreise.de, www.dumontreise.de

3., aktualisierte Auflage 2023
© DuMont Reiseverlag, Ostfildern
Alle Rechte vorbehalten
Autorin: Claudia Banck
Redaktion/Lektorat/Bildredaktion: Doreen Reeck,
   Ulrike von Düring
Grafisches Konzept: Eggers+Diaper, Potsdam
Printed in Poland

Kennen Sie die?

Georg V.

1836 kam der 17-jährige Prinz zum ersten Mal nach Norderney und war bezaubert. Über zwei Jahrzehnte verbrachte er hier mit großem Hofgefolge die Sommermonate. Ein Glücksfall für die Insel.

Marie von Sachsen-Altenburg

Die Heirat mit dem Kronprinzen war arrangiert, die Ehe wurde aber glücklich, sie verband eine echte Liebe. Nach dem Königspaar benannt: die Panoramadünen Georgshöhe und Marienhöhe.

Wilhelm Loth

… ist seit 2001 Kurdirektor auf Norderney, er weiß, was er will und hat viele Ideen. Auch Kinder haben bei ihm etwas zu sagen: Die Kinderkurdirektion verfügt über ein eigenes Budget.

Poppe Folkerts

Er liebte den Blick aus seinem Wohn- und Malerturm: hinüber zum Festland, zur Nachbarinsel und weit über das offene Meer. Hier entwarf er das Norderneyer Wappen mit Wellen, Dünen und Kap (1928).

Kirsten Kluin

Der Hektik des Alltags entfliehen und einfach nur SEIN – im Hier und Jetzt. Die Klangtherapeutin entführt mit Konzerten, Klangmassagen und Seminaren in die Welt der Klänge und Sinne.

Heinrich Heine

Der Dichter kam als Sommergast, verspottete die Insulaner und wurde zur persona non grata. 1983 wurde er mit einem Denkmal geehrt, nicht alle waren damit einverstanden.

Martin Boekhoff

Der Ingenieur ist beim Wasser- und Schifffahrtsamt in Emden für alle Seezeichen zuständig. Wenn er vor Ort ist (z. B. im »Plattdeutschen Monat«), hat er viel zu erzählen.

Bernd Flessner

Wer will denn nach Hawaii, wenn er Norderney vor der Tür hat? Für den sechzehnmaligen Deutschen Meister im Windsurfen ist seine Heimatinsel die erste Wahl.

Kaninchen

Sie sind niedlich anzuschauen und doch eine veritable Plage, tummeln sich in Gärten und auf Parkplätzen, graben Gänge in schützende Deiche und Randdünen.